清水江研究丛书 （第二辑） 张应强 / 主编

中山大学历史人类学研究中心 / 编

从"锹里"到"锹家"

邓 刚———— 著

清水江下游
三锹人的移民历史
与认同建构

社会科学文献出版社
SOCIAL SCIENCES ACADEMIC PRESS (CHINA)

本书的研究和出版承蒙

中山大学历史人类学研究中心承担的国家社科基金重大项目"清水江文书整理与研究"（批准号：11&ZD096）

资助

总　序

以一条江来命名一套研究丛书，确实需要做些说明。

贵州东南部的清水江，是洞庭湖水系沅水上游支流之一，亦名清江。清雍正年间设置的"新疆六厅"，其中就有因江而名的清江厅。历史上因江清而名的江河或相应治所不在少数，至今湖北西部仍有清江；民国初年改清江厅置县，也因与江西清江县重名而改名剑河县。清水江之名则渐至固定，用以指称这条源出贵州中部苗岭山脉、迤逦东流贯穿黔东南苗族侗族自治州多个市县的河流。

清水江是明清时期被称为"黔省下游"广阔地域里的一条重要河流，汇集区域内众多河流，构成了从贵州高原向湘西丘陵逐渐过渡的一个独特地理单位。特别是在清水江中下游地区，气候温暖、雨量充沛且雨热同期的自然条件，非常适于杉、松、楠、樟等木植的生长。是以随着明代以来特别是清雍正年间开辟"新疆"之后的大规模区域经济开发，清水江流域尤其是中下游地区，经历了以木材种植和采运贸易为核心的经济发展与社会历史过程。以杉树为主的各种林木的种植与采伐，成为清水江两岸村落社会最为重要的生计活动，随之而来的山场田土买卖、租佃所产生的复杂土地权属关系，杉木种植采运的收益分成以及特殊历史时期发生于地方社会的重大事件等，留下了大量契约文书及其他种类繁多、内容庞杂的民间文献。基于对清水江流域整体性及内在逻辑联系考虑，我们把这些珍贵的主要散存于清水江中下游地区的汉文民间历史文献统称为"清水江文书"，这一命名得到了学界的普遍认可和采用。不过需要进一步说明的是，与其说这种整体性及内在逻辑联系是一个客观事实或既有认识，毋宁说是一种理论预设，正需要通过精细个案研究去加以探索与论证。这可以说是组织这套丛书的一个最单纯直接的因由，也是本研究丛书出版希望可以达致的一个目标。

具有现代学术意义的对于清水江流域的深度关注和系统研究，吴泽霖先生或为开先河者，1950 年代完成调查并成书的《贵州省清水江流域部份地区苗族的婚姻》是重要代表作。而后1960 年代由民族学者和民族事务工作者所进行的少数民族社会历史调查，也直接在清水江下游的苗侗村寨收集整理了一定数量的民间文书，并于 1988 年整理编辑出版了《侗族社会历史调查》。正是在这些已有的学术探索和积累的基础之上，笔者开始关注这个区域的材料和问题，并在 2000 年真正进入清水江流域开展调查研究工作。如果说两三年成稿、后经修订出版的《木材之流动：清代清水江下游地区的市场、权力与社会》，是对区域社会文化发展历史进程的综观式考察，那么其后继续推进的相关学术工作，包括清水江文书的收集、整理与研究，以及指导研究生在清水江两岸及更大地域范围的苗乡侗寨开展人类学田野调查等，则可视为既带有某种共同关怀，又因田野点不同或研究意趣迥异而进行的学术尝试。

或许，"清水江研究"可视为一个学术概念，一种其来有自的学术理念传承发展的研究实践，是围绕共同主题而研究取向路径各异的系列工作成果，也是在特定地域范围内密集布点开展深入田野调查，同时充分兼顾历史文献收集解读的研究范式探索。事实上，要想对这些论题多样、风格各异的研究进行总括性的介绍与评述，不仅徒劳而且多余，其间确有误解误读乃至抹杀不同研究独到见解及学术贡献的可能风险。因此，围绕以"清水江研究"名之的这套丛书，余下的就是这个研究群体在实践、交流、互动过程中遵循的原则或认可的价值，以及一些不同研究渐至形成的共识，可在此言说一二。

当我们把"清水江研究"看作一个整体，自然首先是清水江流域可视为一个整体。流域绝非一个纯粹的自然地理概念，流域的历史亦非单纯的自然史，而是与人类的活动交织和纠缠在一起。是以当我们在清水江流域不同地点开展田野工作，这些工作本身即包含了某种内在的共同性。这是显而易见的，构成了我们以为必然存在的整体性的最基础部分。这是流域内干支流水道网络形成的自然条件影响（支持或约束）人们实践活动的基本方面。其次，从政治、经济、社会、文化等层面，我们也不难看到，特定地域在其历史发展进程中形成了或者说呈现出某些共同的特性。如果说"新疆六厅"的设置，标志着地域社会进入王朝国家的政治体系，那么以杉木贸易为核心的区域经济社会生活，更是充分地表现出一种共同性和一致性。当原有的社会组织、社会制度在共同面对王朝国家的制度性介入，以及经济生活中出现一些适应市场机制的制度规范的时候，我们也看到了社会文化层面的某些同步改变与整合。这是一幅生动而丰富的历史画卷，如果说国家治理和市场经济共同构成了画卷材料的经纬或质地，那么杉木的种植与采运则是清水江故事的基本底色。

这样的一种整体性也具体体现在每个基于精细田野调查与深度文献解读的个案研究中。诚然，每项具体研究都自成一体，都有其自身的整体性，且这种整体性是由各自的问题意识以及相关材料的收集和运用所决定的。无论是聚焦山居村寨与人群以杉木种植为核心的经济社会生活，还是着重考察临江村落木材采运贸易的制度运转或人群竞争；也无论是对一个特定苗寨侗村日常生活深入细致的观察与剖析，还是多个相邻相关村寨复杂人群构成及相互关系的历时性比较；亦无论是从婚姻缔结及婚俗改革等传统主题入手探讨社会文化变迁，还是洞悉传统社会组织延续与转型对当下社会生活的意义赋予等，都无不明显呈现出各自的整体性。实际上，这也都是由整个流域整个区域的某种内在整体性所决定的。特别是当我们把"清水江研究"这样一个概念，扩展到超越了清水江流域，而包括了相邻的都柳江流域、舞阳河流域乃至下游的沅水干流等其他一些相关地区的时候，背后所考虑的其实也正是由清水江研究所引出的一些基本问题及某些内在的关联性或者说一致性。

编入"清水江研究丛书"、主要基于不同乡村聚落长期深入的田野调查的这些研究，在某种程度上可视为中国传统人类学关于乡村社区研究的一种延续。这一传统可以追溯到被誉为社会人类学中国时代的 20 世纪三四十年代。吴文藻先生曾强调，社区研究应结合空间的内外关系和历史的前后相续。正如有学者在回顾和反思后来的一些研究时所指出的，在实际的研究过程中往往存在不无偏颇的情况，即将中国乡村社区看成是不太受外界影响的一个整体，以致缺乏对乡村社会的历史性以及内外关系体系等的整合性考虑。在这个意义上，"清水江研究丛书"所涉及的不同村寨，虽说它们都是清水江流域整体的某些局部，但这样的一些局部，又是镶嵌在整个区域社会乃至中国社会文明的一个更大的系统之中的。故此，这些研究实践所带出的关于清水江流域的总体认识，同时提供了看待整个清水江流域如何进入中华文明系统的独特视角。这绝非简单的局部与整体关系、局部如何说明和构成整体、整体又如何在局部里面得以体现的问题，实际上涉及我们所践行的历史人类学研究如何兼顾内外关系和过去现在的方法论视角。

田野工作的重要性已无须再予强调，富有挑战性的是不同的田野点都或多或少地保留了清代以来的各类民间文献。当结合这些文献资料和田野调查以了解某一历史过程中的具体事件及特定人物时，不仅作为史料的各种文献的建构过程值得进行深入的发覆，而且作为历史主体的人的活动，以及历史事件在他们身上留下的痕迹等，都成为田野调查时需要高度的敏感性才能有所觉察和了解的。也因此之故，将过去与现在联结起来的历史民族志就成为"清水江研究"的基础性工作。它不仅是书写村落社会历史甚或"创造"其历史的独特方法，而且是探索和丰富历史人类学取向的有学术积累意义的研究实践。相信这些立足于精细个案及丰富材料，又富含区域和全局关怀的非常有层次感的民族志，都从不同的侧面充分展现了人、社会、自然关系的复杂性与多样性。

"清水江研究丛书"作为一个研究团队在中国历史人类学研究十分难得的试验场的系列工作成果，不能不说也得益于非常系统而完整的清水江文书的遗存。这一由民间收藏、归户性高、内在脉络清晰的民间文书，显然不只具有新史料带出新问题这种陈旧观念所能涵纳的一般意义，其更重要的价值在于提供了完整看待一个地方社会发展历程的全新眼光和别样视野，带给研究者一个回到历史现场的难得机会，帮助我们把探索的触角延伸到非常生动具体的过去，回到文书所关涉的那样一些特定历史时刻的社会生活之中。尤其是在清水江文书呈现出来的文字世界里，既可看到地方人群对主流文化的认同，也可见到在与文化他者的复杂关系中对自身主体性的确立。因此之故，结合深入细致的历史田野工作，我们可以真切感受到清水江文书中包含的极具地方性的思想意识和历史观念，同时也获得了探索特定地域社会动态发展极富价值的历史感和文化体验。

不难发现，在不同专题研究的民族志材料中，均以具体而鲜活的人的历史实践活动为中心，并且饱含研究者真实而丰富的同情之理解。我们的研究都建基于一个个既有共性又个性鲜明的村寨的田野工作，尤其是其中具体的人的实践活动，是探寻国家制度影响、了解不同人群互动交融、理解社会文化历史建构的根本着手点。在某种意义上来说，田野工作的深度不仅关乎对作为一个整体的区域社会的了解认识，更直接影响到立足历史文化过程生动细致描述的历史民族志的独特价值和魅力展现。可喜的是，在"清水江研究丛书"中，在研究者为我们呈现的栩栩如生、极富画面感的历史情境的描述中，不仅可以见到研究者与对象社会人群真情实感的互动与共鸣，还饱含了研究者对对象社会人群思想观念和表述习惯的充分尊敬和理解。或许，正是这样细致有力量感的民族志决定了这些研究的基本学术价值。至于是否在此基础上建立和发展起有关西南地区甚或中国社会历史文化的新视角和新范畴，以及在这样带有方向性的学术努力中贡献几何，则作者自知，方家另鉴。

张应强

2018 年初秋于广州康乐园马丁堂

目　录
CONTENTS

图表目录

绪　论

问郎的：

三锹立碑在哪的，

又把什么为评据，

又把什么来安碑？

几块山头去打坐，

几块塘中去练泥，

几捞塘中成根古，

什么塘中可莫移？

报娘的：

三锹立碑归斗溪，

又拿石板为凭据，

又拿石板来安碑。

一块山头去打坐，

两块塘中去练泥，

九捞塘中成根古，

归斗塘中你休移。

——三锹盘歌①

---

① 抄录自锦屏县九佑寨林再信先生处。为呈现文献原貌，对各类民间文献中的用字均不作改动，如这段歌文中一处写作"评据"，一处写作"凭据"，（转下页注）

001

从"锹里"到"锹家":清水江下游三锹人的移民历史与认同建构

1984年2月,正是农历正月。[①]俾嗟[②]寨子的稻田还泡在水里等待春天的到来,老辈人常说"担肥下田,不如泡冬过年",地里的蔬菜也不需要特别照管,除了每天要割草、照顾耕牛,没有更紧迫的农活要忙着完成。当然,一过完年,闲不住的山里人便会上山栽种树苗或伐薪烧炭,当地农谚"一月栽木,二月栽竹",三百年来,以杉木为中心的生产和交易为俾嗟寨子所在的区域社会注入了蓬勃的生命力。

正月最初的几天是走亲访友的日子,节日的气氛让这坐落在高坡上的寨子里湿冷的空气也变得活络起来。这年正月,寨上来了几位特殊的客人。客人来了,如果还没有到吃饭的时间,主人会先煮上一锅热腾腾的油茶,这是这里待客的礼数。围坐在火塘边的客人熟练地端起茶碗,对于这次专程赶来俾嗟寨的几位客人来说,这也是他们儿时便熟悉的味道。

"茶水落肚人新鲜",大家的话也就多了起来。寨上人讲的话,客人们所讲的话,大家是能互相听懂的。因为在这个寨子,也包括这些客人自己的寨子,人们或多或少都会讲这几样话——苗话、侗话、酸汤话。

欢迎客人们的到来,寨上的人们还唱起了歌。在这寨子上,吃茶有茶歌,饮酒有酒歌,玩山有山歌,婚礼更是少不了歌——脚下的土地,天上的白云,天地之间的万物万灵、悠悠往事皆以歌为

(接上页注①) 必要时通过注释说明,后文皆按此原则处理。黎平县岑迖寨一位吴姓长者保存的歌册中也有三锹村寨合款立碑的相关内容:"唱:三锹合款哪条溪,哪里安有几块碑? 又有几块岸上坐,又有几块练塘泥? 还:三锹合款归斗溪,归斗安有三块碑。一块山头岸上坐,两块塘中去练泥。九牢塘中安一块,螺丝塘中安一碑。"

① 锦屏县岑梧寨陆大志先生曾参与20世纪80年代的三锹民族识别调查工作,根据他所遗留的参与调查工作时撰写的笔记资料,下文中的三锹合款碑"自黎平县尚洞区平底乡俾爹村翁九老塘里掘出(于一九八四年二月掘出)"。翁九老塘与歌中的"九捞塘"或"九牢塘"为同一地点,乃采用不同汉字记录当地语言之故。

② 俾嗟,在各类民间文献中往往又记作"俾爹"或"俾爷",今属黎平县尚重区大稼乡,在20世纪80年代时属平底乡。

002

媒，述说生命中的喜悦或忧思。

也正是在祖祖辈辈传下来的歌的指引下，这几位客人才来到了俾嗟寨子。老人们传下来的歌中唱道："三锹立碑归斗溪……一块山头去打坐，两块塘中去练泥，九捞塘中成根古，归斗塘中你休移。"歌中提到的三块碑，安放山头的一块已不知所终，另外两块据说分别被祖辈埋放在两处水塘的淤泥之中，其中一个水塘就在这俾嗟寨子中。① 几位客人此行的目的，便是要寻找歌中唱到的那块避开了不知多少岁月的侵蚀，沉睡在水塘之中的古碑。

冬季的寨上，即便是无风又无雨，也能让人深深地感受到大自然的冷酷。除了寨上人的热情，一切都是冷冷冰冰，尤其是那口终年积水的老塘。习惯了严冬的寨上人，此时要光着脚进入塘中，也需要莫大的勇气。

"饭养身，歌养心"，寨子上的人们好歌，老祖宗用歌传给后世子孙的话自然是毋庸置疑的。在众人的努力之下，一块两尺来长的石碑从水塘中被打捞出来，大家七手八脚地抹去上面覆盖的淤泥，迫不及待地辨识起上面的文字来。时隔 235 年，这上面的文字依然清晰可见：

> 尝思朝廷有国法，锹理有理规。兹余三锹自先祖流离颠沛于斯，迄今已近百年。为铭志先祖之习俗，故吾三锹各寨里长约集，宰生鸡而誓志，饮血酒以盟心。兹计照规约于后：
>
> 一、务须击鼓同响，吹笙共鸣，同舟共济，痛痒相关，一家有事，阖里齐援。
>
> 一、男女婚配务须从父从母，原亲结亲，不准扒亲赖亲。

---

① 根据三锹歌词和口述访谈，人们认为三锹合款共留下三块石碑，其中两块分别保存在两处水塘之中，而下文所述打捞出水的石碑上则显示"刻有坐卧碑各一块"共计两块碑刻。

水各水，油各油，不准油来拌水，亦不许水去拌油。倘男不愿女罚银三十三，若女不愿男罚银六十六。

　　一、倘遇外来之侮，阖里应齐心以御，尤对客家与苗人更应合力以抗之。

　　恐嗣后无凭，刻有坐卧碑各一块，永远存照。

大清乾隆己巳年孟春月谷旦日立

让远道而来的客人激动的不仅是发现了这块在歌中传唱的古碑，更在于碑上出现的"三锹"二字以及有关三锹各寨的记录，这让他们觉得离那个目标越来越近了。俾嗟寨上的人和这天的一些客人，都自称"三锹"。作为当时正在开展的三锹人族属调查的参与者，客人来到俾嗟寨就是为了找到这块碑，此刻他们的心情可想而知。虽然几个月之后这一目标便化为泡影，但在此后的日子里，他们应该不会忘记在俾嗟寨上的这一天。①

这一天，俾嗟寨上的人们发现了历史，创造了历史，并将被书写进历史。

一　谁是三锹人

清乾隆十四年（1749），清水江下游两岸"素性凶顽、肆无忌惮"的"生苗"多已纳粮附籍。泛舟江上，伐木之声不绝于耳，

---

① 歌中唱到的另外一块碑，即"归斗塘"或"螺蛳塘"中的碑，在1984年4月8日召开的贵州省三锹人族属问题调查汇报会纪要中被提及："对少数人提出要把埋藏在归斗大队水塘中的一块碑文出土问题，由工作组协同有关社队（乡村）共同协商，在归斗干部群众同意的前提下组织力量出土。要绝对防止留下后患，防止不利于安定团结，不利于四化建设的一切言行。出土的碑文不要损坏面貌，要把碑文内容用优质纸拓印下来，一切工作要有利于安定团结，有利于四化建设。出土后的碑文由工作组按照国家颁发的有关出土文物的保护管理文件规定妥善处理。"（《贵州省三锹人族属问题调查汇报会纪要》，1984年4月8日）后由于种种原因，该碑没有被发掘出来。

图 0 - 1　俾嗟寨子寨门远景（摄于 2009 年 3 月 22 日）

说明：随着公路的开通、村寨规模的扩大，以及居住格局的变化，该
寨门已非进入村寨的主要入口。图中石砌寨门上方横卧的条石上刻有"三
錾"两个大字，"三錾"两字中间刻有三个圆环相扣的图形；从水塘中掘
出的乾隆己巳年"三锹合款碑"放置在寨门右下角。

木材从两岸高山运至江边，结成木排，沿河而下，去到对于生活在
这一区域的大部分人来说并不熟悉的远方。由南北两岸汇入清水江
的众多支流，则将更多的木材带出苗疆。

也是在这一年的正月，在清水江支流乌下江上游的一个寨子
里，来自附近多个寨子的里长按事先挑选好的吉日，约集在一起，
他们要议定事关村寨生存与发展的要事。

这些寨子里的人自称"三锹"，周边的苗家、侗家或客家又往
往把他们叫作"锹家"、"锹佬"或"锹上人"，自他们的先祖从
湖南靖州锹里一带迁居到清水江边的高山密菁之中，已经过去了将
近百年的时光。自迁居以来，凭借血缘和地缘的联系，人们互相守
望，并经过几代人佃买山场、开荒种杉的苦心经营，三锹人已经开

村立寨，过上了相对安稳的生活。

里长们宰生鸡，饮血酒，订立规约。他们约定，各寨要互相守望，尤其是在与"苗人"和"客家"发生冲突之时要"合力以抗之"，冲突的根源往往是山林田产的纠纷。另外一条则关乎人群的繁衍生息与社区的稳定，婚姻须遵从父母的安排与双方的约定。其中"水各水，油各油"一语，或是指向了姑舅表婚制下的婚姻安排，抑或不同族群之间在通婚方面的区隔。三锹寨子里的老人们回忆，直至 20 世纪中叶，三锹村寨一直维持"近拒远交"的通婚模式。三锹村寨之间往往相隔较远，但三锹人并不和邻近村寨的其他族群通婚，而是舍近求远，很大程度上维持着三锹村寨之间的内部通婚关系。这些规约用汉字刻写在石板之上，一块栽在路边时刻警示过往的人们，余者则被沉入水塘之中，以期世代永传。

两百多年后，除了沉入水塘的古碑，参与制定规约的"三锹各寨"里长们和他们所经历的一切早已随风而逝。人口不断繁衍生息，他们的生活已经不再像筚路蓝缕的先祖那样经历种种风吹雨打，同当年合力抵抗的"苗人"和"客家"也不再"水各水，油各油"，最近几十年来逐渐开始通婚。但散居在清水江下游 20 多个寨子里的以"三锹"自称的人们，在日常生活中依然感受到与其他人群之间种种细微的差异，并有意无意地表达他们之间或明或暗的界限。

20 世纪 80 年代初，贵州省对 1964 年各县（市、区）上报的 80 余种自报族称进行审查和归并，提出还有包括"三锹"在内的 20 多个族称尚待识别，并计划在 1983 年对"三锹"等"人们共同体"进行调查识别。[①] 锦屏县岑梧村的陆大智先生参与了 1984 年 4

---

① 《贵州省民族识别工作计划（一九八〇年十一月十九日）》，贵州省委民族识别办公室编《贵州民族识别资料集》第 1 集，1985，第 25 页。

月至 7 月的三锹人族属调查工作。在陆大智参与这项工作之前，"走锹乡、串锹寨、找碑记、寻族源"的三锹人族属调查已经展开了将近三年，在俾嗟寨子的水塘中安睡了 235 年的这块碑也因此机缘而重见天日。笔者在 2006 年第一次进入岑梧村进行田野调查的时候，陆大智先生已经去世多年，但当年他参与民族识别调查和会议讨论的相关记录有幸保留了下来，这使我们能从三锹人参与者的视角对当时的民族识别工作有更多的了解。

陆大智在调查完成之后，参与撰写了关于调查情况的综合报告，后经黎平县民族事务委员会修改整理并上报上级相关政府部门。在这份名为《三锹人族属的调查报告》的文件中，对自称"三锹"的人群的分布情况、族称与族源、风俗习惯等方面进行了较为详细的介绍，其中提到：

"三锹人"自称"三是三锹"、"三十三锹"（三锹语译音）、"三稍"，普称"三锹人"。黎平县孟彦、罗里一带的汉族称他们为"锹上人"，锦屏雄黄界一带的侗族、苗族人称他们为"锹佬"，黎平各地及尚重区的侗、苗族人称他们为"三消"（侗、苗语译音）。

现在黎、锦两县居住的"三锹人"，分布在三个区，十个乡，二十七个自然村寨。共有一千二百四十三户，六千三百八十六人。分为吴、潘、龙、杨、张、陆、林、向、蒋、刘、赵、石等十二个姓氏。其中，黎平县的"三锹人"居住在尚重区平底乡的岑亘、乌山、俾嗟、眼批、董翁、归斗、归雅、乌勒、平底、乌碰、塘途、高练、俾雅寨和大稼乡的岑努寨。共有十四个自然村寨，五百二十一户，二千四百八十八人。

锦屏县"三锹人"居住在平略、启蒙两个区的寨早、文斗、胜利、固本、新明、地茶、启蒙、玉河八个乡。十三个自然村寨，七百三十八户，三千八百九十八人。①

在陆大智的笔记材料中，更详细地记录了当时锦屏县境内这13个有三锹人居住的村寨名称及人口数量：

岑梧（107户，598人）、中仰（210户，1074人）、九佑（71户，411人）、干塘（17户，79人）、高表（78户，402人）、九涛（52户，292人）、俾当（24户，121人）、岑果（65户，350人）、美蒙（69户，334人）、格郎（6户，32人）、上八龙（9户，39人）、上瑶光（6户，39人）、下瑶光（24户，121人）②

锦屏、黎平两县的这些"三锹"寨子大多分布在清水江支流乌下江、八洋河附近区域，尤以乌下江上游两岸居多。村寨之间的距离往往相距较远，点缀于崇山之中。在九佑寨子见到的一份三锹歌抄本中，鲜活地勾勒了部分三锹寨子的特点：

三十三锹共一理，九条黄白共一行③，看郎都是聪明子，转个歌头来问郎。

四十八寨跟头首，聪明的子都在行，哪乡坐在边界地，仙鹅抱蛋落大塘。

---

① 黎平县"三锹人"族属调查工作组、黎平县民族事务委员会：《三锹人族属的调查报告》，1984年7月。

② 笔记中的干塘、九涛、俾当、格郎的标准地名分别为甘塘、九桃、俾党、高朗，岑果、上八龙两个寨子属启蒙镇留洞村。

③ 该歌抄录者对本句中"九条黄白"的解释为"九条黄金白银"，理解为歌中常用的比兴技巧；而在湖南靖州三锹乡一带的歌册中则将其记作"九坡黄柏共一行"，对于这一变化，在后文中作进一步解释。抄录自锦屏县九佑寨林再信先生处。

四十八寨跟头首，郎卯聪明说报娘①，岑罗坐在边界地，仙鹅抱蛋落大塘。

哪乡白虎抬头望，男讲男强女还强，哪乡双龙来炼宝，哪乡坐在广莱塘？

岑努白虎抬头望，男讲男强女还强，中仰双虎来炼宝，培爷坐在广莱塘。

哪乡栽烟香香味，哪乡辣子界远方，哪乡栽木排排坐，哪乡坐在观音堂？

岑梧栽烟香香味，高表辣子界远方，九佑栽木排排坐，美蒙坐在观音堂。

哪乡代代出光棍，哪乡坐在燕子堂，共是条龙一条脉，条条龙脉落他乡？

卑党代代出光棍，九桃坐在燕子堂，共是条龙一条脉，条条龙脉落他乡。

现的炉场不会打，男女朝山炼铜王，假的黄铜不是宝，黄铜难买好田塘。

哪里靠住九龙沟，如今讲话卯同行，哪里坐在银锅铲，不聪不明也同行？

格朗靠住九龙沟，如今讲话卯同行，卑丑坐在银锅铲，卯聪卯明也同行。

三锹人所唱的三锹歌，除了这里被称为"盘歌"或"数寨歌"，以展示地方性知识为主要内容的歌之外，还有酒歌、大歌、细歌、也德歌等不同场合所唱之歌。三锹寨子里的老人讲道："在过去，这里是做哪样事就有哪样歌。"三锹歌曾是人们日常生活和节庆仪式中不可缺少的一部分，尤其是婚礼这样重要的仪式，歌声

---

① "卯"乃记"冇"之音。

贯穿仪式的各个环节。在 2006 年夏天笔者进村之初，便有老人惋惜如今都不按照三锹礼节来举行婚礼，并抱怨现在许多年轻人不会唱这些歌，甚至老人自己也很少唱三锹歌了。尽管在现代化的滚滚洪流之下诸多传统日渐式微，但传统的复兴与再造也成为一种潮流。2014 年，"平略三锹民歌"被列入黔东南苗族侗族自治州第四批非物质文化遗产代表性项目名录。平略镇部分三锹寨子中的歌手因此有机会走向更广阔的舞台，到县里或州里参加各类民族歌曲比赛活动，将以三锹民歌为代表的三锹文化展示给更多的人。当然，会唱三锹歌的人并不局限于锦屏县平略镇一地，正如前面调查所提到的，三锹人分布在锦屏、黎平两县的 20 多个寨子之中，寨中不乏能说会唱之人。其原乡湖南靖州三锹乡一带被冠以"中国花苗之乡"，当地民歌早在 2006 年便以"靖州苗族歌鼟"之名被列入国家级非物质文化遗产名录。尽管两地相距不远，但由于区域社会的不同发展脉络，以及分属于不同行政区域之下地方政策的差异等因素，在认同的表达和文化的展演等方面呈现不同面貌。

无论是 80 年代初关于三锹人族属的调查，还是此后的人类学、民族学研究者的田野调查，三锹歌都被当地人作为展现自身文化特色的重要标志。除此之外，人们也往往强调独特的生活习俗、婚礼仪式、语言等，并以此作为族群边界的标记。正如一位访谈对象所说："我们三锹讲三样话，吃糊米茶，唱三锹歌，行三锹礼节，过去只同三锹的开亲。"①

走进三锹村寨，好客的主人往往会熬上一大锅热腾腾的油茶。油茶又被称作"糊米茶"，做法是将大米在锅中炒熟，加入水、老茶叶、油、盐等一起熬煮，在煮的过程中用专门的茶筷不停地搅拌、捶捣，然后盛入碗中饮用。有时在煮制的过程中也加入新

---

① 访谈自锦屏县岑梧寨陆秀植先生。

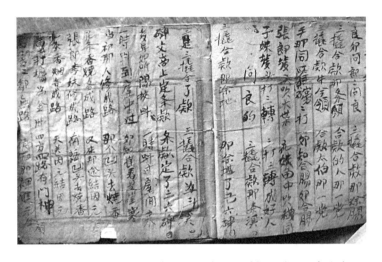

图 0 – 2 三锹歌手抄本局部（2009 年 3 月拍摄于黎平县乌山寨）

说明：抄录于旧账簿上的三锹歌，内有"三是三撬合了款，三撬合款归斗溪"等内容，时间不详。

鲜的玉米粒或豆子等时令作物。《三锹人族属的调查报告》中提到了油茶的由来："据说是三锹人的先祖由外地逃荒来时，居住在高坡上。由于没有生产工具，只能种植苞谷、小米、饭豆等杂粮为生。平时都吃不上白米饭，逢年过节时，将外出打零工得到的少量大米掺苞米、饭豆等煮糊米茶，供全家人过节时分吃。从此一代代传下来直到现在。"①

在田野调查期间，笔者有幸赴九佑这个三锹寨子参加一个婚礼，陪我一起去的人不无惋惜地告诉我，因为是和苗族人结婚，所以没用三锹的礼节。人们告诉我，事实上 20 世纪 50 年代以后就逐渐不再依照三锹礼来结婚了，而现在的年轻人多在外面打工，结婚时则更是完全抛弃了三锹礼节。在 50 年代之前，三锹

---

① 《三锹人族属的调查报告》，1984 年 7 月。笔者在锦屏县岑梧等三锹寨子周边的一些村寨中没有发现吃油茶的生活习俗，但这一习俗广泛地流行于贵州、湖南、广西等地的侗族、苗族、瑶族等民族之中。

人一般只与三锹人通婚。婚礼过程最为人们所津津乐道,在婚礼前一天,新郎与被称为"六亲客"的六位能说会唱者一起赴新娘家迎接新娘,陪同新娘的则是两位未婚女性,这两位"陪娘"在婚宴中被安排在上位,似乎比新娘还要受到重视,婚礼共持续三日。在婚礼结束之后,新娘还要回娘家再居住一年到三年,然后再由新郎将其接回家中。人们在讲述这些婚礼习俗时强调的一点是,在三锹人的整个婚礼过程中都不鸣炮,对歌贯穿婚礼每个环节。

语言亦是三锹人建构族群边界的标志之一。《三锹人族属的调查报告》中写道:"三锹人有着自己独特的语言。……过去三锹人不会说汉话,但为了适应环境,逐步学会讲汉话、侗话、苗话,他们与汉人、苗人、侗人交接,语言方面都能应用自如。"① 在笔者走访过的三锹村寨中,接触到的语言包括苗话、侗话、酸汤话以及被称为客话的西南官话几种。三锹村寨中的人往往以其中一种语言进行日常交流,但对于其他几种语言大多也能不同程度地掌握。②

三锹村寨中的人们有时也把自己使用的语言称为"锹话"。对于什么是"锹话",不同三锹寨子的人亦有不同的认知。例如,在山腰的俾嗟寨人日常通用的语言为酸汤话,而山脚的乌山

---

① 《三锹人族属的调查报告》,1984年7月。
② 如有文章对九佑的描述:"这里的人会说侗语、苗语和'酸汤话',自称为'锹家'。"杨秀庭:"九佑,遗失在大山里的侗寨。"《贵州政协报》2004年7月15日。文中也提到:"几百年来,他们只与锦屏县美蒙、岑梧,黎平县乌勒、岑努,湖南省靖州县三锹等居住深山的'三十三锹'通婚,遵循'锹家'特有的礼俗,在生活方式、语言、习俗等方面形成了'锹家'特色,村民主要操侗语进行交流。"不过,笔者在岑梧寨进行田野调查期间也注意到,村民的苗话与其周边非三锹人居住的寨子所讲的苗话存在一定区别。印象较深刻的一次是,笔者所住家庭有来自苗寨的亲戚来访,但他们之间使用西南官话交谈。在得知这两位亲戚在他们村中都讲苗话时,便问道为什么现在不讲苗话。他们的回答是,他们所讲的苗话和岑梧的有所不同,并为笔者列举了一些词语的不同发音。

寨人所用语言则为苗话。乌山寨的一位访谈对象这样告诉笔者："这里讲的是锹话，他们上面是酸汤话，去上面寨上他们讲酸汤话，他们下来就讲锹话，他们也会讲。"① 在岑梧村的访谈中，亦有人将他们所讲的苗语称为"锹话"，而寨中更多的人则是用"锹话"指代唱三锹歌时所使用的语言，也将其称为"酸汤话"，有人将其引申为三锹歌像苗疆酸汤一样回味悠长，故以酸汤呼之。② 三锹村寨往往能发现一些用汉文抄录的歌本，即使不习当地语言，但对照这些抄本，也能发现用来演唱三锹歌的语言颇似汉语方言。

在 1984 年底的三锹人族属识别讨论会中，参与撰写该报告的三锹人代表认为："语言方面，（三锹话）属三种语言的混合语，我们弄不出是否可以叫古汉语，要请专家。"而贵州省民委的代表则直截了当地指出："（三锹话）是属一种古汉语，不是单一语言。"③ 有研究者认为，酸汤话的主体是汉语，并混入了一些苗语、侗语的成分，是湘语在湘语区的边缘地带多语多方言区的一种变体。④

---

① 有研究者也注意到三锹村寨中语言使用的类似现象："靖州有一个三撬乡，居住有近万撬人。岑努的潘姓撬人，其内部分为 3 支，称为大潘、小潘、汉潘。大小潘在房族和家庭内部的交际都是用三撬语，但大小潘的撬话又有区别。大潘人口最多，计有 50 户，他们的撬话比较滑向苗语，是直接从三撬乡迁徙而来的，自称为三撬潘。小潘只有 12 户，是由湖南会同迁徙到贵州天柱，再由天柱辗转迁徙到岑努的。他们的撬语和侗语比较接近，称为侗撬。汉潘有 20 户，家族内部交际用汉语，称为汉潘，是由湖南靖州迁徙来的，不知在哪一次迁徙中失落了撬语，但仍自认为是撬人。"并认为三锹语是湖南靖州三撬乡的苗族锹人所操的一种语言，是一种与苗族中部方言的苗语不同的语言，有自己的语音与词汇体系，与苗语有相近的方面，但与苗语、侗语均不能相通。余达忠：《岑努村的多语文化生活——贵州省黎平县一个多语制民族村的人类学考察》，《黔东南民族师范高等专科学校学报》2005 年第 1 期。
② 访谈自锦屏县岑梧寨陆秀裕先生，2006 年 7 月 18 日。
③ 引自陆大智笔记材料。
④ 刘宗艳：《酸汤话研究》，博士学位论文，湖南师范大学，2014，第 190 页。

虽然三锹村寨的人认为自己与周围村寨存在种种文化上的差异，并在民族识别的过程中，或者在面对之后的调查者时不断强调这一差异，但经过民族识别，"三锹人"最终没有被识别为单一民族，而被归入苗族或侗族。经过1984年的民族识别调查和先后三次的会议讨论，得出了如下结论：

> 今年先后三次在黎平县召开"三锹人族属问题科学讨论会"，有省、州及黎平、从江、锦屏三县的"三锹"人代表参加，经过三次讨论，已弄清"三锹"人要求政府承认为单一的少数民族的科学依据不存在，他们当中操苗语、穿苗族服装的属于苗族；操侗语、穿侗族服装的属于侗族；操汉语、穿汉族服装的属于汉族。这种情况与湖南省靖县三锹公社（乡）的情况相同，湖南靖县已成立三锹苗族侗族民族乡。但还有少数人坚持要求政府承认他们为"三锹族"，明年由省配合州县还要继续做科学教育工作，在取得共同语言的基础上由黎平、锦屏、从江三县人民政府认定，上级备案。①

在清水江下游天柱远口一带，也生活有大量在文化表征方面与上述群体存在诸多共性的人，他们讲酸汤话，用酸汤话唱歌，或被称为"酸汤苗"，与靖州锹里二十四寨亦有着密切的关系。② 在锦屏县境内的偶里、娄里、稳江、铜坡一带也有部分村寨因某种联系而被称为"二十一早半"，在其歌中唱道"三十三挑三挑半，王白令冲的根长"，强调与"三十三锹"以及黄柏、令冲等靖州锹里村

---

① 《一九八四年民族识别工作小结提要（一九八四年十二月十三日）》，《贵州民族识别资料集》第1集，第271页。

② 吴才俊：《酸汤苗的族源和习俗》，《怀化师专学报》1996年第2期；吴才俊：《四十八寨民族风情》，《怀化师专学报》1999年第1期。

寨的联系。① 笔者通过对各类民间文献以及通婚圈的考察，暂未发现乌下江、八洋河流域一带的三锹村落在历史上与这些人发生直接的、密切的互动。

　　本书描述的"三锹人"，主要指 80 年代进行民族识别调查中涉及的在三锹村寨中生活的人。这一群体自清初陆续移民到清水江流域之后，因为地缘的联系而互相守望，并在山林经营中互相合作，逐渐扎根于此，但由于资源的竞争和权力关系的不平等，依然在相当大程度上维持了包括内部通婚在内的各种联系，并以吃油茶、唱锹歌、讲锹话、行锹礼为族群边界的标志，以区别于周边村寨。凡本书提到的三锹寨子或三锹人，如果没有特别的说明或缺少上下文的情景，均指的是锦屏、黎平两县清水江支流八洋河、乌下江流域一带的三锹村寨和人群。

二　为什么要了解三锹人

　　清水江流经黔省的层峦叠嶂之后，入沅水，注洞庭湖，在汉文的书写之中，这一流域历来是"不通声教"的"化外之地"。这一传统的刻板印象与清水江中下游流域大量契约文书的存在，构成了鲜明的反差，随着清水江文书的系统搜集整理和相关研究的展开，这一区域越来越被学术界关注。在目前关于清水江流域的研究当中，张应强围绕木材流动的过程，细致地构建了传统中国的国家力量与地方社会的互动下区域社会型构的过程，无疑为这一区域的研究奠定了坚实的基础。② 同时也引出了围绕木材贸易的兴起所带来的人群流动，由此所衍生的不同人群之间的互动与区隔，以及这一

---

① 龙小金：《从〈分亲和改装歌〉看苗族社会风俗的演变》，《贵州文史丛刊》1998 年第 3 期。在其他一些文献中，"早"亦作"爪"，所谓"早"或"爪"，指的是村寨之间进行合作的股份关系。

② 张应强：《木材之流动——清代清水江下游地区的市场、权力与社会》，生活·读书·新知三联书店，2006。

过程与此后人群身份建构之间的关联等议题。

自清初开辟苗疆以来，随着木植贸易与人工营林的兴起，这一区域与外部世界的联系日趋紧密，进入这一区域的除了顺河而上的白银与物资，同时还有大量身份和籍贯各异的人，以及由这些人带来的种种文化实践。《中国移民史》将移民定义为"具有一定数量、一定距离、在迁入地居住了一定时间的迁移人口"。① 从文献中我们可以看到，往往是某一家庭先迁徙到某地落脚，再有来自靖州锹里一带的人投靠。从数量上说规模并不庞大，至 80 年代，据当时民族识别的统计，黎平、锦屏两县自称三锹的有 6000 多人。从迁出地到迁入地的距离并不遥远，在田野调查访谈的村民中有因为民族识别、编修族谱等从贵州黎平三锹寨子迁到湖南靖州三锹乡，据他们介绍，徒步三日左右便可到达。即便是在清初的交通条件下，如果中途不作停留，快则数日便可到此，并非长距离的迁徙。当然，对于这种规模不大、迁徙距离不远的人群流动的考察，依然具有重要意义，同样有助于我们加深对区域变迁过程的理解。

对于历史上不同时空的大规模移民，以及与此相关的人口、生态、经济与社会等问题，学术界已经进行过系统的研究。早在 20 世纪 30 年代，谭其骧利用地方志中的氏族志等材料，运用统计的方法，探讨湖南等地人口移徙的来源、时期，以及与区域开发的关联。② 何炳棣肯定了这类研究的开创性，并指出利用方志中可能出现的一些谬误，他亦通过省际的人口迁移来探讨人口与土地关系的历史变迁。③ 葛剑雄所著《中国移民史》构建了一个宏大的框架和理论体系，对中国历史上的移民现象进行了系统梳理，

---

① 葛剑雄：《中国移民史》第 1 卷，福建人民出版社，1997，第 10 页。

② 谭其骧：《湖南人由来考》，见氏著《长水集》（上），人民出版社，1987。

③ 何炳棣：《明初以降人口及其相关问题，1368～1953》，葛剑雄译，生活·读书·新知三联书店，2000，第 160～198 页。

在移民史的研究上具有重要意义。此外，也有不少学者从社会经济史的视角对某一具体区域的移民与人口问题进行探讨，如李中清在其著作中分析了元明时期和清代不同阶段的移民对西南社会的影响。① 梁肇庭（Sow-theng Leong）则从施坚雅（G. William Skinner）的区域体系理论出发，通过对不同流域山区地带的客家与棚民的研究，探讨了区域中心与边缘互动之下的跨区域边界的人群流动和认同建构。② 与传统的王朝或民族国家范围内的人口移动不同，斯科特（James C. Scott）为我们展示出被称为"赞米亚"（Zomia）的高地中流动的人群在生计、社会与文化方面的种种特性，以及这背后的主动逃离并拒绝国家的逻辑。③ 对作为移民群体的三锹人研究，结合民间文献与田野调查，在具体的时空中呈现人群流动的过程与不同人群之间的互动，可以丰富既有移民研究的理论框架。

自称"三锹"的人群，早在清康熙四十三年（1704）之前，从湖南靖州西部的一些村寨出发，陆续迁移到清水江支流乌下江、八洋河流域等地，佃种田土，经营山场，瓜瓞绵绵以至今日。④ 三锹人自迁入以来，便融入区域社会变迁的节律之中。从本书后面章节的讨论中我们可以发现，自清初以来，三锹人的迁移大致可以分为两个不同的阶段，这之间的动机和生计方式也不尽相同。开辟

---

① 李中清：《中国西南边疆的社会经济，1250~1850》，林文勋、秦树才译，人民出版社，2012，第94~120页。

② Sow-theng Leong, *Migration and Ethnicity in Chinese History*：*Hakkas，Pengmin，and Their Neighbors*，Stanford，California：Stanford University Press，1997；刘志伟：《天地所以隔外内——王朝体系下的南岭文化》（丛书总序），吴滔等主编《南岭历史地理研究》第1辑，广东人民出版社，2016。

③ 詹姆斯·斯科特：《逃避统治的艺术：东南亚高地的无政府主义历史》，王晓毅译，生活·读书·新知三联书店，2016。

④ 据笔者在三锹村寨中收集的契约文书，时间最早的一份为康熙四十三年，内容为乌山寨吴氏的开山始祖购买杉山坡地，借此可以判断三锹人在此之前便迁入此地。

"新疆"之前,虽然也有种种逃难的叙事,三锹人的小规模迁徙大多可以视为在同质的生存空间内的自由移动。在此之后,因王朝力量的扩张,清水江流域被整合进更大的经济区之后,木材贸易的兴起为更大规模的移民提供了生存空间,更多的三锹人向清水江流域流动也因此而起。以这一人群为关注对象,可以提供一个较好的视角来考察王朝国家力量扩张前后地域社会所经历的结构性变迁,以及在此过程中的族群关系及其在今日的表达。

近几十年来兴起的族群研究,尤其是西方学术界的一些研究,大多是在新中国成立以后所施行的民族政策背景下展开的,而未能顾及人群间在长期的历史互动中所形成的对于自我与他者的看法及其演变过程。理解"共时态"的与"身份"和"认同"有关的社会心理,需要"历时性"地重现各种认同标签或符号"是如何在长期而复杂的历史过程中被塑造出来的"。① 传统的民族学研究亦强调文献的考证与历史脉络的梳理,但是对地方社会的结构变迁往往重视不足。其间亦有不少学者试图打破这种状况,如王明珂关于羌族的研究,旨在通过其历史说明族群边缘的形成与变迁,最终在于通过人类资源竞争的关系及其在社会、历史与文化上的表征来说明人类一般性的族群认同与区分。② 但是,由于许多族群缺少悠久的文字传统,仅仅利用口述材料难以清晰地构建出不同人群之间互动的历史过程,对于人群之间对资源的分配与争夺,以及人群之间复杂的互动关系的历史过程并不能很清楚地呈现。以三锹人为中心,清水江流域大量且系统的契约文书等民间文献,为我们进一步思考这类问题提供了可能。

---

① 陈春声:《地域认同与族群分类——1640~1940年韩江流域民众"客家观念"的演变》,《客家研究》创刊号,2006年6月。

② 王明珂:《羌在汉藏之间——一个华夏边缘的历史人类学研究》,台北:联经出版事业股份有限公司,2003。

三　如何了解三锹人：田野与文献

即使田野调查初期的笔记资料全部遗失，多年以后，我依然忘不了 2006 年夏天那个遥远的下午。[①] 当时岑梧寨是个交通不甚便利的小村庄，一条坑坑洼洼的土路从山脚曲折地延伸到寨子中，一座座覆盖着杉树皮的木楼错落有致地搭建在斜坡之上，房前屋后每一块可以利用的土地都种上了作物，田地上方山林中的杉木茂密、挺拔。这是我第一次到岑梧，一个三锹人居住的寨子，也是此次田野调查的起点。

从岑梧出发，在之后的几年中我又陆陆续续地走访了九佑、俾嗟、岑努、岑戛、乌山等三锹人聚居的村落，每次在寨子里的时间长短不一，短则数日，长则月余，有的寨子曾先后多次回访。通过对不同三锹村寨的调查，我更深刻地了解到村寨之间包括通婚在内的各种联系，在山林经营方面的合作关系，不同生存空间下呈现的共性与差异，以及三锹村寨之间存在的张力。

村寨大多坐落在深山之中，寨子之间往往相距较远，零星地点缀在苗寨、侗寨之间。自开村立寨以来，三锹寨子与周边村寨便存在密切的互动与博弈，时有紧张的关系出现。契约文书中呈现的村寨之间纷繁复杂的山场田土交易，以及与此相关的各类诉讼，三锹人传统的"近拒远交"的通婚模式，充分反映了不同人群之间复杂共生的关系。在三锹寨子中以三锹人的视角审视周遭固然重要，但不同人群之间的紧密互动也提醒我们应当以多维的角度来剖析区

---

① 当日陪同我到岑梧的王宗勋先生在他的日记中写道："2006 年 7 月 9 日……岑梧村是离锦屏县城最近的一个'僦家'村寨。今天上午，我将邓刚送到岑梧，安顿在村委会主任陆秀植家，陆秀植对小邓很欢迎。中午饭后，我要陆秀植带我俩在村里和附近的山上转了一下，特别是去看清康熙至乾隆那组契约所涉及的平展坡、九白冲、董所等处山场。"王宗勋：《寻拾遗落的记忆——锦屏文书征集手记》，世界图书出版公司，2015，第 232 页。

域社会的型构。岑梧寨与周边的华洞、平鳌等村寨关系密切，陆氏的开山祖在迁入岑梧之前曾暂居华洞，潘氏的先祖亦因"入于平鳌通寨保甲"而具有王朝国家认可的正统身份，因此也对华洞、平鳌等三锹寨子周边的村寨展开了一定时间的田野调查。

从靖州锹里迁移至此的三锹人，在族谱和口头传说中存留了大量关于原乡的历史记忆。自20世纪80年代起，不论是编修族谱，还是三锹人的族属调查，都不断回到原乡寻找答案。我在2007年和2008年两度走进锹里，先后走访了地妙、地笋、菜地湾、黄柏、烂泥冲、高营等寨子。至今印象深刻的是，在炎热的夏日午后，我走在空无一人的山间小路上，全凭岔路口安放的指路碑上类似"上走老里、下走藕团"这样的提示，心急如焚地试图在天黑前找到寨子投宿。用徒步走村串寨这种前现代的方式去丈量清水江下游生活的三锹人移居前走过的路，感受"山顶踏歌风四合"的芦笙场和款场，并与耆老交谈，不断加深对地域社会的了解。

2018年冬的一个下午，在锦屏县城参加完锦屏文书的学术会议后，谢景连兄驾车将我送到岑梧寨上，这是在这本小书完成之前我最后一次去岑梧寨，距离上一次到岑梧已过去四年。从山脚到村里的土路已经被改建为硬质水泥路，交通条件大为改善。山脚曾有一井，据称井水能治眼疾，被称为观音井，村民时有祭拜。该井连同一旁碑刻，曾被山洪冲毁，这次经过见此处已修葺一新，并有凉亭花桥、观音塑像。寨子里的景观也焕然一新，新修了广场、戏台、停车场等，这些工程的资金都来自政府拨款。在晚餐把酒闲聊时，村民对正在开展的精准扶贫工程都给予了高度的评价。在戏台两边的立柱上还残留有"锹族村群拥戴碑文鼎立……"的对联，在前一年除夕的时候寨子立下了"三锹族群碑"，村口三块高大簇新的石碑上洋洋洒洒刻着8000多字，努力彰显三锹族群的文化特性。从第一次走进岑梧的十多年间，村寨的节律随着更广阔背景的社会经济变迁而张弛有度地变动着，不时的回访，让我对人群自身历史与文化种种表达的"层累地造成的"过程有了更深刻的体会。

在寨子中的各种经历乃至感官上的体验，使我在面对村寨中不同时空下编撰的各类民间文献时，能更加清楚地了解各类文献产生的社会脉络，更深刻地把握文本的社会文化意涵，并能够尽量利用获取到的地方性知识对文献进行解读，使更加深刻地理解这些文本成为可能。

清水江流域村寨中存量最为丰富，也最引人关注的自然是的契约文书。杨有赓教授最先注意到清水江流域的契约文书，开启了清水江文书的收集整理与研究工作，之后他与日本学者武内房司等整理出版了《贵州苗族林业契约文书汇编（1736～1950年）》。① 张应强、王宗勋主持了规模更为浩大、更加系统的整理清水江文书的工作，在其主编的《清水江文书》中也收录了岑梧寨的部分文书，加池寨文书中也有数十份与三锹寨子中仰的陆氏有关。在此之后，清水江文书越来越受到学术界的关注，与此相关的收集整理和研究成果也陆续面世。

笔者通过田野调查，在平鳌、岑梧、岑趸、乌山等村寨亦接触到大量民间文献，这些文书涵盖山场租佃买卖、析分家产、官司、婚姻、宗教等内容。黎平大稼乡乌山寨在乡民的记忆中从未遭遇祝融之灾，系统地保存着自康熙三十五年（1696）以来的200多份文书，其中康雍年间的文书仅数份，乾隆朝以后文书的类型与数量逐渐丰富起来，包括几起山林纠纷事件较为全面的诉讼文书。

---

① 贵州省编辑组编《侗族社会历史调查》，贵州民族出版社，1988。唐立、杨有赓、武内房司主编《贵州苗族林业契约文书汇编（1736～1950年）》，东京外国语大学国立亚非语言文化研究所，2003。

80 年代之后，这一地区掀起了编修族谱的热潮，笔者在田野中所见到的族谱大多编修于此时，与年代更为久远的只简单记录世系的瓜藤谱形成既有联系又有差异的文本，其编撰体例与不同人群参与过程都值得思考。这些族谱大多由村落中的精英人物书写、编撰，除此之外，他们也留下了一些关于本村掌故之类的文字，如岑梧寨陆秀裕先生的《岑梧村史》和《岑梧村杂志》。这些村志为我们提供了丰富的村落信息。而社区中精英人物如何书写自己村落的历史与文化，其中的观察视角与表达方式同样值得我们关注。

还有一种文献类型，则是在三锹人村落中常常见到的"三锹"歌册。这些歌册传抄的时间前后不一，除部分"数寨歌"或"盘歌"外，内容多与婚姻、恋爱相关，帮助我们进入在经济、社会组织之外的关乎个体与情感的层面，进一步丰富这一人群的意象。其他如一些村寨中保存的土改册、山林纠纷调解书等文献资料，详细地记录了当时村民所拥有的土地和杉木数量，以及不同村落之间关于山场权益的重大纠纷和解决结果，从中可以窥探中华人民共和国成立之后的社会经济变迁。

过去 30 多年来，由"华南研究"发展而来的名为"历史人类学"的研究取向，强调田野调查和文献资料的结合，在具体而微的地域史研究过程中探讨宏观中国的文化创造过程。[①] 这一研究取向为我们了解清水江流域的区域社会提供了必备的方法论和工具箱，通过田野调查，并结合不同社会脉络下呈现的各类文献，不断接近这一人群曾经生活的世界。透过三锹人迁移与定居的过程，以及这一过程中不同人群之间的互动，同时关注三锹人参与王朝国家主导之下的山地开发过程中地权的产生、山林纠纷与解决机制、地

---

① 程美宝、蔡志祥：《华南研究：历史学与人类学的实践》，《华南研究资料中心通讯》第 22 期，2001 年 1 月。

方社会权力结构等议题，借此进一步思考族群与文化极具多元性的西南地区在纳入王朝的过程之中，国家与地方之间、不同人群之间、精英分子与普通民众之间的多元互动，不同人群的身份表述和文化建构，以及目下之族群关系和文化实践与这一历史过程的关联。

四　我们将了解什么

这本小书试图勾勒的图景，便是由俾嗟寨子的水塘中发现的石碑上所述"三锹先祖流离颠沛于斯"，到"吾三锹各寨里长约集"，再到该碑缘何重见天日这三百年来以三锹人为中心的人群活动。这些生活在清水江下游崇山之间的寨子里，自称"三锹"的人，他们的先祖为何颠沛流离？又如何在此深山密林中开村立寨、维持生计？在历史的剧烈变迁中，与其他人群之间维持着怎样的界限？在不同的时代，他们又是如何去追寻自己的身份与历史？

第一章 "三十三锹同一里"：
原乡锹里的地域社会

古留礼，

不是今朝是古留。

前人留下花盘古，

一班留下二班来。

一年四季四大戊，

四大歌场赶得成。

先开茶坪四乡所，

后开靖州四鼓楼。

鼓一鼓二吃牯藏，

三十三锹开茶房。

——流离歌①

这是传唱于湘黔边"四十八寨"的《流离歌》中的片段，短短几句道出了人口迁徙的历史记忆、国家的开发过程，以及族群的多样性。清水江支流乌下江、八洋河流域生活的三锹人在讲述自己

---

① 秦廷锡：《"四十八寨款场"与"四十八寨歌场"探索》，张新民主编《探索清水江文明的踪迹——清水江文书与中国地方社会国际学术研讨会论文集》，巴蜀书社，2014，第803页。其中的一些唱句在其他歌本中又记作"先开平茶四乡所""古一古二吃牯藏"，似更贴切。见《地理歌》，靖州苗族侗族自治县民族事务委员会编《靖州苗族民歌选》，1999，第7页。

的族源时，除了从江西吉安府迁移而来这类难以考证的传说之外，往往会提到"我们把地妙来"，或者"把上头湖南靖州菜地湾来的"，这些寨子便位于歌中"三十三锹开茶房"的区域。在乡民的回忆中，尚有清明回原乡挂亲的经历，在进行三锹人族属调查时亦到靖州三锹乡、藕团乡等地寻找证明材料，与原乡之间的联系并未完全割裂。移民的迁出地以及当地的实际状况是我们在考察移民过程时应该关注的问题，但对于许多移民来说，往往不能确定其具体的迁出地，[①] 而每一个三锹寨子里的人大多保留了关于原乡的历史记忆，能清晰地指出其先祖来自锹里的哪一个寨子。通过对原乡地域社会的考察，将有助于我们对三锹人在迁入清水江流域后所建立的人群间和村寨间的联系及其展现的文化表征的理解。

靖州锹里及其所处的更大范围的区域社会，因其历史上人口的流动性，族群和语言的多样性，不同族群之间、地方与国家之间错综复杂的关系，呈现正如本章开篇所引的《流离歌》所展现的那种令人着迷的复杂特质。在以口述传统为主的社会中，民间文献稀缺，不得不让人对这一区域的往昔产生难以拨云见日一探究竟的纠结。就连"三锹"或者"锹里"一称，不仅作为局外人的研究者难以定论，区域内部的人也众说纷纭，莫衷一是。本章首先便从对"三锹"这一称谓的分析出发，罗列部分具有代表性的观点，并提出一些假说，进而结合现有文献，对锹里区域社会展开初步的分析。

一 "三锹"得名小考

1. "三锹"自"三撬"来

2006 年的夏天，在拥挤嘈杂的广州火车站，我挤上了一班不

---

① 葛剑雄：《中国移民史》第 1 卷，第 23～25 页。

知是驶往四川还是重庆的绿皮火车。经过一天一夜，我在中途的靖州火车站下了车，接着再去汽车站转乘班车，又经过几个小时的翻山越岭，由湘入黔，终于到达锦屏县城。[①]

　　匆匆经过的靖州在当时并没有给我留下太深刻的印象，更想不到之后还将数次重返此地，此时满脑子想的都是"在山里以撬木头为生"的"山撬人"，而我要去进行暑期田野调查的岑梧就是一个以"山撬人"为主的寨子。清水江流域自清初开辟"新疆"，木材贸易逐渐繁盛，大量涌现的山客、水客在贸易中扮演了重要的角色，地方上也流传着他们的种种传奇，这一群体以及他们经常出入的那些占据地理优势的沿江贸易中心首先吸引了研究者的目光。[②]木材贸易的形成与繁荣需要不同群体参与其中，居住于山野之中以种杉、砍树、架厢、搬运营生的"山撬"们，推动了木材流动的第一个环节，他们的活动构成了这一区域社会历史拼图中不可或缺的一部分。

　　随着田野工作的展开，我渐渐地明白当初的部分想法虽然符合逻辑并颇具"大胆假设"的精神，但在"小心求证"之下，又是何等的想当然了。虽然在岑梧、俾嗟、九佑等寨子里的一些登记表格与手抄本上常常见到"三撬"二字，在有的官方文献中也往往"三锹""三撬"混用，[③] 但这一族称的来历并非因为从事"在山

---

① 随着贵广高铁的开通和高速路网的完善，一日之内从锦屏的寨子到珠三角的城市成为可能，极大地便利了人口的流动。与此同时，智能手机普及，通信网络广泛覆盖，区域社会正经历着深刻的变迁，这一过程引人注目，但这并不在本书关注的范围内。

② 早在1988年出版的《侗族社会历史调查》中就用大量的篇幅介绍了木材贸易的发展，并关注了参与贸易的山客、水客群体，见贵州省编辑组编《侗族社会历史调查》。

③ 在《贵州民族识别资料集》第1集收录的各类官方文件中，多以"三锹"为人群的族称，部分地方写作"三撬"，也有一处写作"山撬"，见《黔东南州民族识别工作简报第一期（一九八一年十二月十二日）》，《贵州民族识别资料集》第1集，第153页。

里撬木头"的工作。

关于三锹人族称的来源，由锦屏、黎平两县三锹人参与起草的《三锹人族属的调查报告》中讲述了这样一个故事：

> 据传说，在很久以前，有三个人，一个是"撬猪"吴刚，一个是"卖柴汉"潘富元，另一个是"卖油郎"龙彪。
>
> 一天晚上，吴刚和潘富元正在富元家一起吃饭，突然身沾血污的龙彪闯进屋来，原来龙彪在卖油途中被强盗抢去油担和银钱，经过龙彪诉说后，三人义气相投，就盟誓结拜成祸福同享的异姓兄弟。
>
> 因生活难以维持下去，三人商议，只有外出跟吴刚当学徒撬猪。
>
> 有一天，他们走到一个地方跟一家财主撬一头母猪，吴刚首先叫两个学徒富元和龙彪学撬，他俩撬了好久都没撬成，主家看着生气了，吴刚才亲自动手撬，结果母猪被撬死了。主家要他们赔银五十两，当时他们身上无钱，只有设计夜里逃跑，跑到一个深山老林的村寨，他们就决定在那里住下来，安家立业。日子长了，当地人知道了他们的来历，都戏称他们为"三个撬猪佬"，后又简称为"三撬"、"撬佬"。随着人类社会的进化，他们又以"三撬"变为"三锹"。

故事中"三个撬猪佬"所从事的"撬猪"究竟是一种什么样的工作呢？所谓"撬猪"，也就是"劁猪"，是指将猪去势的一种手术。以"撬猪"为业的吴、潘、龙三位异姓兄弟，因为在劁猪的时候出现失误而逃往深山老林，这"三个撬猪佬"的后世子孙便以"三撬"得名，"随着人类社会的进化，他们又以'三撬'变为'三锹'"。

这则故事中的主体结构同本书后面章节中提及的其他三锹族源

传说确有诸多相似之处。许多三锹族源传说或村寨开基传说中都提到祖先因备受欺凌或生活困顿，逃离至深山老林中谋生的历程，这一点在"三个撬猪佬"这一故事中也被凸显出来。故事中三人的姓氏——吴、潘、龙——也是三锹村寨中主要的姓氏。

这则故事从何处采集而来，由谁讲述，又如何写入了《三锹人族属的调查报告》，我们今天已经无法回答这些问题，不过可以确认的是，这则故事的流传范围并不广泛。三锹寨子中的许多访谈对象似乎对这一关于族称和族源来历的故事并不太了解；也有访谈对象从《三锹人族属的调查报告》中获知这一传说，但认为"三个撬猪佬"的说法含有丑化的意味，对此解释并不认同。

三锹村寨现存的各类民间文献，对于族称来源和族源传说鲜有提及，不过也有一些零星的文献显示出，早在清乾隆年间，今锦屏、黎平两县的三锹人便明确地以"三锹"为自我身份的标记，并依此族群身份界定村寨之间的关系。在 80 年代初开展三锹人族属调查之时，根据三锹歌传唱内容的指引，从俾嗟寨子的水塘里打捞出来一块刻有"兹余三锹自先祖流离颠沛于斯""吾三锹各寨里长约集"的石碑，便充分证明在这一区域"三锹"早已被作为族称使用。

同样是在俾嗟寨子，2008 年夏天笔者在这里进行田野调查的时候，寨子中一名吴姓长者向笔者展示了一份落款"道光廿七年十二月十五日"的文献，题名为《三锹重议婚礼碑记》。这是一份议定婚姻规则的碑文原稿，并附有参与商议的人员及其所在村寨，大致可以反映出当时清水江下游三锹人的分布范围，其中只在碑文题名中出现的"三锹"二字，显然是用作族群的自我称谓。

这两份文献表明，在迁徙到清水江流域之后不久，这些来自湖南靖州的移民群体已经具有明确的族群意识，并以"三锹"自称。之所以会拥有这一族称，显而易见的原因是，他们的祖先大多从地方志中"统称为三锹"的"苗寨"等村寨移民而来。在后文中我们将会讨论到,在三锹人的迁出地,自清初以来"三锹"往往被看作一个地域的范围,或者村寨之间的联盟,但很少被理解为族群的称谓。进入清水江下游之后,在与当地居民及其他移民的不断互动之中,这些来自靖州"三锹"的移民群体凭借既有的地缘联系,"同舟共济,痛痒相关",并维系着移民群体内部通婚的格局。随着时间的推移,这些来自"三锹"的人成了"三锹人",标识移民迁出地的"三锹"便逐渐被赋予族群的含义。在资源竞争的背景之下,不同群体间的对立和区隔使"三锹人"的自我认同不断强化。①

上文提及的两份碑文中明确地采用"三锹"书写族称,但除此之外,在田野调查中并没有见到其他类似出现三锹族称的民间历史文献。村寨中大量保存的契约文书等文献材料基本没有体现交易双方的族群身份,往往采用签约双方所在村寨这类更为具体的标记。在 20 世纪 80 年代后生成的一些文本中,则可见到用"三撬"二字书写族称,如录有"三撬盘歌"的手抄本,② 或俾嗟寨子中所见将民族成分一栏填写为"撬"的登记表格。通过对现有文献的考察,显然"三撬"这一族称书写方式较晚才出现,但 80 年代以来的文本中采用"三撬"二字或许并非此时的凭空创造,究竟由何时延续而来则无法知晓。

对于三锹寨子中的人们来说,虽然族群之间的区隔是日常感知

---

① 正如韩起澜(Emily Honig)在《苏北人在上海,1850 ~ 1980》一书中的讨论,主要来自长江以北不同地方的移民群体在作为通商口岸城市的上海,因籍贯而建构出"苏北人"的族群身份,但与"苏北"的模糊不清的含义不同,黎平、锦屏的三锹人的迁出地"三锹"是一个相对明确的地域范围。韩起澜:《苏北人在上海,1850 ~ 1980》,卢明华译,上海古籍出版社,2004。

② 这里指的是笔者所见的明确以"三撬歌"或"三撬盘歌"作为歌名抄录的两份手抄本,根据使用的笔记本上的图案风格大致可以判断是 80 年代以后形成的,而其他一些年代更为久远的抄本中则未见"三锹"或"三撬",也很难判断其形成时间。

与实践的一部分，但如何用汉字书写族称，倒并不是这些村寨中以苗话、侗话或酸汤话为日常交流语言，为生活而奔忙的人需要关注的事情。当族群之间的边界逐渐固化，也不必如迁居之初的人群需要强调来自"三锹"的移民历史来维系认同，甚至忽略了族称其实来源于移民自靖州"三锹"这一简单的事实。其实无论写作"三锹"，还是"三撬"，对于以口头传统为主的社会中的大部分人来说并无根本的区别。

在 80 年代初，"三锹人"被列入贵州省待识别族称之一，族属调查工作进而展开。如何对族称进行解释，讲述族群的族源，并在作为最终成果的调查报告中恰当地讲述，是识别工作中相当重要的一环。用"三撬"或"三锹"来书写族称，正如采用读音相近的不同汉字记录同一苗音或侗音，是这一区域日常书写中的惯常实践。相较于契约文书中用"岑梧"、"岑吾"或"琴吾"来称呼同一寨子，[①] 如何书写族称是一件更为严肃的事情。虽然所指相同，但为何称之为"三撬"或"三锹"，这似乎是当时的调查人员认为必须解释清楚的关键内容。因此，报告中提供了"三个撬猪佬"这一生动的故事来对"三撬"族称进行合理化的解释，并认为"随着人类社会的进化，他们又以'三撬'变为'三锹'"。虽然报告中认为"三锹"是由"三撬"演化而来并不那么合理，"三个撬猪佬"这一故事也有牵强附会的嫌疑，但努力将族称进行合理化解释这一行为本身在情理之中。[②]

---

① 在当地汉语方言中，"岑"与"琴"发音相同。

② 在田野调查的过程中，我们往往会遇到访谈对象结合当时的情景与既有的地方性知识，对遭遇的各类问题努力提供合理化的解释。例如，在笔者进入田野之初，岑梧寨的一位长者在接受初次访谈几天之后，对笔者说："我想了一下，'三锹'苗语读'三肖'，'肖'就是学的意思，因为会讲三种话，所以叫'三锹'。"将"三锹"的读音用汉字"三肖"来表示，并结合三锹人的语言使用特征进行合理化解释，与族属调查报告中利用"三个撬猪佬"的传说来解释"三撬"，其论证的思路和框架并无二致，都是从书写族称的表意汉字入手进行解释。他的这一回答，既表明当地人对于三锹族称的来源缺乏唯一且确定的解释，也体现出地方性知识不断再生的过程。

2. "锹里"有"三锹"

(1)"锹"当何解

清水江流域以"三锹"自称的族群,因其来自靖州以三锹统称的数个村寨或邻近区域,所以被称为"三锹人",并被后人谬传为"三撬"。在其原乡,"三锹"一称由来已久,至迟在清康熙二十三年(1684)官方文献之中便有记载。① 康熙《靖州志》有载:"新抚州三锹苗民吴乔元等丈报田壹拾玖顷肆亩玖分叁厘。"② 这是目前能见到的较早的直接提及"三锹"的历史文献。从这寥寥数语中我们可以发现,官方用"苗民"来归类吴乔元等人的族群身份,"新抚州三锹"则指出这些苗民所生活的地域。

究竟"锹"为何意,当地耆老和文史学者也多有讨论。在一些残存的文献中,我们也看到并非今天的人们才对这一问题产生迷惑并苦苦思索,如清末当地士人蒋贵善所著《松竹斋杂论》中提及:

> 余询彩鹤,锹当何解?答曰:宋败元鼎明继,鹅丘等地兵勇徙民携妻幼匿居我地,尔等本中原之人,善使锹,土人谓之锹也,后溶为土人矣!……吾里先祖聚牛筋岭……今之齐款乃以锹地称,一款一锹,类其域也。③

---

① 在民间文献《款会请神词》中,有"又到万历四十八年……在双江鹅凤口安一款,九坡三排半岩板田安一款,三锹里牛筋岭安一款"等语,后又叙述同治年间事情,据此判断此文献形成时间应晚于同治年间,或许表达的意思是在三锹里万历年间便有合款行为,而不能据此断定万历年间便存在"三锹里"。另,此处将"双江鹅凤口""九坡三排半""三锹里"并列,也能反映出"三锹"地域范围的变迁。该文献见吴治德《〈侗款〉的"款"字探源——兼谈"都"字》,《贵州民族研究》1992 年第 2 期(总第 50 期)。

② 康熙《靖州志》卷 2,《中国地方志集成·湖南府县志辑》第 64 册,江苏古籍出版社、上海书店、巴蜀书社,2002 年影印本,第 303 页。

③ 陆湘之:《试述靖州"锹人"族群的形成和分化》,花苗网,http://www.zghuamiao.com/nd.jsp?id=607#_np=105_319,最后检索时间:2019 年 2 月 10 日。回答这一问题的龙彩鹤为清末地方款首之一。

因善于使用铁锹而被以锹称呼，似乎并不具备很强的说服力，但"一款一锹，类其域也"的说法部分地注解了上、中、下三锹的村寨联盟关系。在锹里地区的寨子中访谈时，还听到了其他种种关于"锹"的解释，其中不乏妙趣横生之处。地妙寨上的一位长者讲了这样一个故事：

> "鍫"，上面一个"秋"，下面一个"金"，原来是没有这个名字的。元朝初年，南方少数民族没有地方跑，就跑到山上来，形成苗族、侗族，东一个、西一个寨子。"鍫"字是元朝主管说的，当时靖州总管说，这些人都是鍫（撬）朝廷墙脚的，就变成了鍫上人。①

不同时期的当地人对三锹源流的口头传说虽然多有附会的成分，但也体现了时人对地方社会和传统国家之间关系的认知。如作为地方团绅的龙彩鹤会提及该地人群和中原之间的联系，而另一解释中则强调了地方社会与朝廷之间的冲突。

在地妙寨进行访谈时，亦有人认为，锹就是寨子的意思，他们这里有三锹，贵州那里还有三十锹，就是三十三锹。有地方文史研究者指出："'锹'是作为一个地域性量词单位，即象'锹'一样大小的土地，并以此来表示苗疆某一个村寨或若干个村寨联合而形成的苗款组织。三十三锹即是三十三个小苗款组织。"② 然而，不论是将"锹"理解为一个村寨，或是一个小型村寨联盟，都缺乏充足的材料证明。关于三锹源流的地方性阐释如此丰富多样，且各种叙述都或多或少地加入了地方文化元素与历史记忆，使之言之成理，但又缺乏足够坚实的

---

① 访谈自靖州地妙寨陆宗炎先生。地方志的记载中都写作"锹"，由于"金""秋"二字富有的美好寓意，在民间的一些书写中有时则写作"鍫"。
② 陆湘之：《三十三锹初探》，花苗网，http://www.zghuamiao.com/nd.jsp?id=326#_np=4_11，最后检索时间：2019年3月2日。

材料作为支撑，要为这一问题寻找一个确切的答案似乎不大可能。在三锹歌中唱到的"三十三锹同一里""三十三锹三排半"，这些对地方社会组织形式的描述则让这一问题更显扑朔迷离。[①]

（2）"三十三锹"与"三尺三锹"

关于"三锹"一称，民族学家杨庭硕先生曾作如下分析：

> 笔者认为宋元时代，文人笔记中提到的"三锹"可能与苗族有关。"三锹"的得名据说是由于平旷农田边缘山区，沿三锹以上之地尽归三锹自由利用，对中央王朝不承担赋税徭役。封建王朝对他们的政策又与当时已定居的侗族很不一样，这种强烈的文化反差，只可能在定居的百越民族与苗瑶民族之间发生。因此笔者怀疑"三锹"一名应当是见诸汉文献最早的苗族他称。按照当时的三锹人的分布地域，他们应当属于苗族中部支系苗族或者兼指东部支系苗族。[②]

在杨先生看来，"三锹"疑为汉文献中最早的苗族他称。杨先生在作出这一猜测后，没有进一步地分析，也没有在书中提供文献引证。不过，类似文中"三锹以上之地尽归三锹自由利用"一说，

---

① 在 2008 年夏天的田野调查中，藕团乡新街村颇为了解地方掌故的吴三麟先生认为，"三排半"的得名来过去在枫香（即今三锹乡政府所在地）修庵堂，地方上轮排出工，风冲第一排，地笋第二排，地背第三排，水冲半排。陆湘之先生在其文章《三十三锹初探》中则认为："'三排半'则为抵御外族入侵而设立的基层防卫小款组织，依照防区各寨的人丁数，分配和确定防卫任务。万历四十八年（1620 年）……上锹苗九寨在牛筋岭立款，下锹苗六寨在岩板田立款，中锹黄柏六户及周围苗寨在双江鹅风口立款，布置小榴寨风冲寨为第一排（今意为第一梯队），地背寨为第二排，地笋寨为第三排，水冲寨人数较少则为半排，作机动或预备队之用。"二者对于"三排半"的分析的差异在于其形成的原因，但三排半包括的村寨及其内部关系则大致相同。当然，"三十三锹三排半，水冲就是半排人"也很容易让人联想到里甲排年制度，但缺少相关文献进行证明。

② 杨庭硕：《人群代码的历时过程——以苗族族名为例》，贵州人民出版社，1998，第 82~83 页。

在被称为《评皇券牒》或《过山榜》的瑶族民间文献中频繁出现，兹摘引二例如下：

一、准令瑶人所居山林，刀耕火种山源荒田，营生活计。已（以）上（下）三锹之地，系农民百姓耕管，输纳皇赋之田；三锹已（以）上之地系瑶人耕管，不许势力豪民放肆夺占。①

离田三尺三锹，戽水不上［之地］，各（皆）是王瑶子孙耕管为业。②

这类券牒文献，被认为是记录瑶人迁徙生活的重要文献，在黄钰辑注的《评皇券牒集编》一书中收集整理了来自广西、湖南、广东等地的百余份文献，其中亦包括湖南省使用苗语的人群传抄的此类文本。③ 持有此文献的人群据此表明维系其生存空间和生计方式，并免除徭役等权利。

有不少观点认为苗瑶民族同根同源，都来自"长沙武陵蛮"或"五溪蛮"，并在文化和语言上有一定的相似之处。④ 瑶人崇奉盘瓠和盘古，在锹里地妙寨也建有盘古祠，供奉盘古，岁时祭拜。咸丰四

---

① 该份券牒"原存广西壮族自治区融水苗族自治县滚贝乡南竹湾屯盘文宣家"，"民国三十七年（一九四八）五月初一日，赵财林按古本抄录"。《评王券牒》，黄钰辑注《评皇券牒集编》，广西人民出版社，1990，第71、73页。

② 《盘王券牒》，黄钰辑注《评皇券牒集编》，第6页。此份券牒原件为道光年间抄本，由杨成志教授搜集自广西龙胜县。

③ 在一份名为《评王券牒号》的文献后所附的说明中如此介绍："评王券牒号，原存湖南新宁县水庙区麻林洞雷绍良家。该地瑶族属苗语支，操广西壮族自治区龙胜各族自治县和湖南城步苗族自治县苗语。评王券牒在苗语支的瑶族执藏还属首例。"黄钰辑注《评皇券牒集编》，第174页。该书中亦搜集有来自乾隆时靖州下辖的城步县的券牒，见该书第44~49页。

④ 黄钰：《瑶族族源新探——苗瑶同源论》，《广西民族研究》1993年第4期。胡阳全：《论苗瑶民族的同源问题》，《贵州民族学院学报》（哲学社会科学版）2001年第1期。

年（1854）重修盘古祠的碑文称："我等下江双溪口，自古设有盘古祠，乃一方之主，时祭旬求，累有验矣。"[1] 湘黔边的《流离歌》中也唱道："歌场聚会不是今朝才兴起，自古留礼代代相传到如今。前人留下花盘古，如今才得这团齐。"[2] 在《评皇券牒集编》收集的文本中，也有将"三尺三锹"写作"三丈三尺"之处，岑梧寨的三锹人在生产中"为避免林地和农田间隔纠纷起见，历来规定：'田坎管三丈'"，这或许在生产实践中体现了"三尺三锹"或"三丈三尺"的原则。[3] 但我们并不能根据这些零星的联系，以及"三十三锹"与"三尺三锹"在读音上的相似关系，来简单地推断靖州锹里的苗、侗族群与传抄《评皇券牒》的瑶人之间存在某种族源上的关联。

历史上，靖州境内也有大量被标签为瑶人的族群生活。据《宋史》卷494《西南溪峒诸蛮下》，"（乾道）三年，靖州界徭人姚明教等作乱"，"辰、沅、靖三州之地，多接溪峒，其居内地者谓之省民，熟户、山徭、峒丁乃居外为捍蔽"。[4] 在乾隆《直隶靖州志》中亦有所谓"其关以内，则苗猺杂处"等语。[5] 在王朝力量难以控制的较大空间范围内生活的具有不同语言和习俗的山地人群，官方往往用苗、瑶、峒等称谓笼统称之，与今日的民族分类不可等而视之，但这些人群之间有着非常复杂的互动关系。在不同的历史时期，我们也多见广西、湖南、贵州等地不同族群参与其中的大规模动乱，

---

[1] 笔者在2007年夏进行田野调查时，在盘古祠的盘古造像基座上见寄名帖一方，内容为万财寨某乡民将其子"寄拜观音菩萨为义母吃饭，保佑长命富贵，易养成人"，反映出该信仰意义的不断转变。

[2] 秦廷锡：《"四十八寨款场"与"四十八寨歌场"探索》，张新民主编《探索清水江文明的踪迹——清水江文书与中国地方社会国际学术研讨会论文集》，第802页。

[3] 陆秀裕：《岑梧人的治田措施》，《岑梧村杂志》卷1，手稿。《评皇券牒》中以"三锹"和"三尺三锹"为主，偶有"离田三丈三尺，庤水不上之地"之类写法，见《盘王券牒》，黄钰辑注《评皇券牒集编》，第128页。

[4] 《宋史》卷494《西南溪峒诸蛮下》。

[5] 乾隆《直隶靖州志》卷之一《封域》，《故宫珍本丛刊·湖南府州县志》第16册，海南出版社，2001年影印本，第80页。

靖州西部的三锹人群也多牵涉其中。或许，我们可以大胆猜测的一种可能性是，靖州三锹村寨中的人群的先祖，在山地迁徙的某一阶段，与利用"三锹以上之地，不许百姓侵夺"，"三尺三锹以上任由王瑶子孙耕管"之类的话语为自己拥有山地的权利正名的人群紧密接触，也借用此种叙述来表达自身享有山地权利的合法性，而对于这一权利的坚持，或许使周围人群以"三尺三锹"称之，又被讹传为"三十三锹"。前引《松竹斋杂论》中提及"鹅丘等地兵勇徙民携妻幼匿居我地……土人谓之锹也"，也印证了在时人的记忆中当地"土人"与其他流动人群之间的交往，而"锹"正是对此外来人群的他称。

此假说的问题在于，如果"三锹"来自对山地权利的宣示，并进一步成为人群的自称或他称，那么当如何理解作为村寨联盟的"三锹"？在当地人的传统认知中，三锹由上锹、中锹、下锹共二十四寨组成，此处的"锹"作为村寨联盟，或所谓小款组织则更为恰当。经过对地方史志的梳理，我们可以发现，三锹涵盖的具体村寨范围其实在不断变动，"三锹"最初仅指涉寨市里苗九寨。由上锹、中锹、下锹二十四寨构成"三锹"应是在社会变迁中，随着村寨联盟的不断扩展而逐渐形成。在下文中，我们将首先对这一过程进行简单的梳理。据此分析，或许我们可以进一步地假设，在靖州西部一带，"三锹"由某一人群的称谓而逐渐成为一个包括20多个村寨更多人群在内的地域联盟组织。清初这一区域的人群中陆续有人迁徙至清水江下游后，在与其他人群的互动中凭借地缘的联系构建了"三锹"认同，"三锹"再由地域联盟转变成人群的称谓。

二 锹里的区域与人群

1. 锹里的形成

据编撰于康熙二十三年的《靖州志》，靖州下辖二十里，其中"民里十六，苗里三，归并屯里一"，在"则壤"条目下记录了苗里为"寨市乡、中洞乡、六团乡"，①而"新抚州三锹"位于何处，是否与苗里有关系都未多着笔墨，遑论抚定三锹的时间和具体过程了。

在之后编撰的乾隆《直隶靖州志》中，提供了更为丰富的信息：

> 旧苗三里之外，有杂居由一里、由二里之苗十五寨，又寨市里中另编有三锹之苗九寨，此皆仍苗故俗，不与三里旧苗同，亦未另分里数，故从附各屯里后置，而今列于苗前，又以分示汉夷之别。②

> 附由一里苗九寨……附由二里苗六寨……附寨市里苗九寨，统名曰三锹。③

> 由一里正寨长吴金明管辖四寨：地笋寨、地背寨、弄冲寨、水冲寨；副寨长潘全卿管辖五寨：菜地湾、岩嘴头、万才寨、黄柏寨、地庙寨。
> 由二里正寨长陆元伯管辖三寨：铜锣段、排峒、官田；副寨长潘伯泰管辖三寨：皂隶寨、孔峒寨、小河寨。
> 三锹里正寨长吴应祥管辖六寨：烂泥冲、塘保寨、高营寨、大溪寨、银万寨、塘龙寨；副寨长张正爵管辖三寨：楠木山、三江溪、高坡寨。④

---

① 康熙《靖州志》卷2，《中国地方志集成·湖南府县志辑》第64册，第2页。

② 乾隆《直隶靖州志》卷之一《封域》，《故宫珍本丛刊·湖南府州县志》第16册，第85页。

③ 乾隆《直隶靖州志》卷之一《封域》，《故宫珍本丛刊·湖南府州县志》第16册，第87页。此处"统名曰三锹"究竟是涵盖分属三里的二十四寨，还是仅指附于寨市里苗九寨，据上下文"寨市里中另编有三锹之苗九寨""三锹里正寨长"判断，应为后者。

④ 乾隆《直隶靖州志》卷之六《武备十二》，《故宫珍本丛刊·湖南府州县志》第16册，第262~263页。其中各寨寨长人名及其管理烟户数量略。

从上引材料我们可以发现，在乾隆二十六年的官方记载中已经出现"三锹里"一说，但"三锹"专指附属于寨市里的滥（烂）泥冲、塘保寨、高营寨、大溪寨、银万寨、塘龙寨、楠木山、三江溪、高坡寨这九寨，此即后来三锹之"上锹"。杂居于由一里、由二里并附于此二里的"苗九寨"与"苗六寨"则分别为"中锹"和"下锹"。虽然此时三锹并不包括其余两处十五寨在内，但并不能由此否认这些村寨之间存在某种互动关系。

此外，从乾隆《直隶靖州志》中所绘舆图也可以看到（见图1-1），图中列出了寨市、中洞、六团这三个旧苗里以及由一里、由二里这两个民里，但在寨市里旁单列出三锹，显示出三锹苗寨虽附属于既有基层政权体系，却依然自成一体。①

迟至道光二十一年（1841），"锹里"已经不再专指附于寨市里的苗九寨。是年，立于三锹乡地笋村下地背的婚俗改革碑中刊有"据锹里生员、峒长吴光庠、潘正立、吴通林、吴士龙等禀称""为此示仰该里居民人知悉"等语，②开列其后的众寨首事名单共列出凤冲、地背等20多个村寨名称，包括了二十四寨中的大部分村寨。

光绪《靖州直隶州志》中对于州内苗寨的描述照搬乾隆《直隶靖州志》，但是在光绪《靖州乡土志》中，则提供了一些新的信息：

> 分里：靖州原十九里，以裁各卫，增设屯田一里，故州志载里二十然。屯田各附其地，自不应虚存，屯里之名今去之，而锹里之名由来已久，因益以锹里为二十里焉。③

---

① 在文献中，锹里与寨市里等并列，故三锹并没有被完全整合进里甲系统之中。
② 碑文全文见本书第四章。
③ 光绪《靖州乡土志》，《中国方志丛书》第296号，据金蓉镜纂辑，光绪三十四年刊本影印，台北：成文出版社有限公司，1975，第160页。

图1-1 地方志中所见之"三锹"

说明：此图系参照乾隆《直隶靖州志》中所附舆图而作，两图基
本信息完全一致，因此图中字迹更为清晰，故引用此图。

资料来源：道光《直隶靖州志》卷之二，舆地上，图考，第5页。

至此，锹里与其余十九里并列于地方志之中，同时也对锹里所
辖各寨及生活于其间的人群进行了描述：

苗里，俗称锹里：帝庙寨……以上名六户九寨，均花衣，
居由二、寨市两里；铜锣段……以上名六寨三排半，花衣、青

衣各半，居由二里；老寨……以上名六甲，内地蕉一团花衣，余俱黑衣，居六团里。①

这一段描述中涉及众多村寨，旧苗里六团里的多个寨子亦纳入锹里之内，可见此时锹里涵盖的村寨和人群范围进一步扩展。在后文中，为了叙述方便，凡提及锹里，皆泛指包括二十四寨等众多村寨在内的地域范围。

表 1-1　三锹二十四寨

上锹		中锹		下锹	
原寨名	今属乡村	原寨名	今属乡村	原寨名	今属乡村
楠木寨	平茶乡棉花村	地笋寨	三锹乡地笋村	小河寨	大堡子镇塘款村
	江边地详村			孔洞寨	大堡子镇塘款村
地堡寨	藕团乡高营村	地背寨	三锹乡地笋村	排洞寨	大堡子镇岩湾村
高营寨	藕团乡高营村	弄冲寨	三锹乡凤冲村	官田寨	大堡子镇岩湾村
高坡寨	藕团乡高坡村	水冲寨	三锹乡枫香村	铜锣寨	大堡子镇同乐村
三江寨	藕团乡	地庙寨	三锹乡地妙村	皂隶寨	三锹乡元贞村

① 光绪《靖州乡土志》卷 2《人类》，第 117~120 页。唯此处记载的锹里各寨名称与数量与之前方志有较大出入，此处提及的村寨名包括帝庙、黄柏、菜地湾、岩嘴、万财、唐保、滥泥冲、江边寨、地强、抱洞寨、高盈寨、高坡寨、楠木山、铜锣段、牛场、乌令山、岩湾、唐款、地黄、塘略冲、人形界、白水、小河、旧鲁冲、新鲁冲、凤冲、地笋、地背、茶溪、南山、水冲、枫香、聋冲、老寨、冲嫩、地蕉、岩艮、地角、青山脚、桐木团、黄土团、闷团。

上锹		中锹		下锹	
原寨名	今属乡村	原寨名	今属乡村	原寨名	今属乡村
烂泥冲	藕团乡新街村	菜地湾	三锹乡菜地村	※茶坪组又属于大堡子镇三江村	
大溪寨	藕团乡新街村	岩嘴头	三锹乡菜地村		
银万寨	藕团乡新街村	黄柏寨	三锹乡菜地村		
塘龙寨	藕团乡新街村	万才寨	三锹乡菜地村		
共九寨		共九寨		共六寨	

资料来源：《靖州苗族民歌选》，第445页。

2. 锹里内外的人群关系

至清朝中后期，锹里的范围已经包括今天靖州苗族侗族自治县西部的三锹乡，以及藕团乡、平茶镇、大堡子镇的部分村寨。这一带人群的民族身份以苗族、侗族为主，藕团新街（新街即烂泥冲，后因烂泥冲之名不雅而改之）的吴三麟先生以"枝叶同根　笙歌同音"来形容同属锹里的苗侗民族之间和谐共生的关系。苗侗村寨之间共芦笙场、款场、歌场。苗侗之间互相通婚，礼仪也互相融合，家庭成员会讲苗话，也会讲侗话。[1]

不同人群之间的共生关系由来已久，清末靖州知州任上的金蓉镜曾专赴锹里，各寨民众聚集一堂齐踩芦笙的盛况给他留下了深刻的印象，并留下诗作：

---

[1] 吴三麟：《枝叶同根　笙歌同音——记靖州苗族侗族的共性》，政协湖南省靖州苗族侗族自治县委员会、学习文史委员会编《靖州文史》第8辑，1997，第4~7页。

> 僰童一队吹龙竹,洞主三锹骖豹文。
>
> 山顶踏歌风四合,鸾皇飞入遏行云。
>
> 葳蕤银压当胸前,细摺裙花幅幅妍。
>
> 家住玉峰最深处,歌声绰约藐姑仙。①

在其编撰的《靖州乡土志》中,亦对锹里的人群及其服饰、民俗作了较为详细的描绘:

> 正月十六日、七月十六日合芦笙唱歌以会男女,或一日或数
> 日讫事。云歌舞则田谷顺成,颇合葛天投足以歌,所谓遂草木、
> 奋五谷也。其舞容俯仰三进一退,合大武缀兆之节,汉高所谓武
> 王伐纣之乐也。服饰男俱辫发,女则上衣直领,下裙襞绩而短,
> 仅能掩膝,行縢、衣裙缘以花,妇髻平挽,两角如满装,花衣苗
> 也,今九寨六户三排半是矣。峒人则黑衣长裙无缘,六甲之杨是
> 矣,云亦从花衣改变。六寨之潘吴龙李各姓则青衣裤大带,妇发
> 髻与花衣同。花衣之中又自分峒家、苗家,言语各不相喻。②

金蓉镜以"礼失而求诸野"的态度来看待锹里民众的芦笙堂活动,不似许多地方官往往用鄙夷的心态来对待治下的"苗夷",锹里民众亦以"前砦逢迎后砦送"相回报。③ 在上引文献中,他也注意到锹里内部族群的多样性,并据服饰的差异,以花衣、青衣、

---

① 光绪《靖州乡土志》,《中国方志丛书》第 296 号,第 387 页。诗中的"葳蕤"
当指银锁,与"银压"同为佩戴于胸前的银质饰品。
② 光绪《靖州乡土志》,《中国方志丛书》第 296 号,第 121~122 页。
③ 见金氏所作《靖州竹枝词》之一:"佳日无过春与秋,芦笙场在四山头。前砦
逢迎后砦送,一生不解别离愁。"光绪《靖州乡土志》,《中国方志丛书》第
296 号,第 389 页。

黑衣归类，又因言语之差异，以苗家、侗家分别。同时，我们也可以看到即使在锹里内部也存在"六户三排半""六寨""六甲"等不同系统，反映了锹里内部复杂的人群关系。①

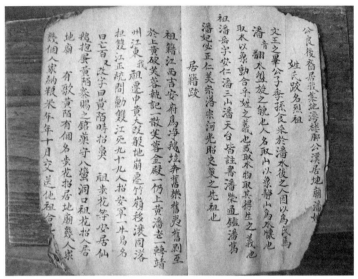

图1-2 记载迁居黄柏历程的潘氏族谱手抄本，时间不详
（2008年夏拍摄于黎平县俾嗟寨）

来自不同区域与不同族群身份的人先后进入锹里地区，制造了这一复杂的人群关系。黎平县俾嗟寨子的潘氏由锹里迁出，在族谱抄本中记录了落担始祖迁居黄柏的过程：

祖籍江西吉安府，为净鹅丘，奔旧乐、旧夷、旧剥，至于上黄，破芙蓉，执记一散芙蓉金殿，一仍上黄潘老，一转靖州

---

① "六户"即"黄柏六户"，黄柏，今属靖州三锹乡菜地村的一个大寨。"六户"不是指六户苗民家庭，而是概指以潘、吴、龙、陆、马、熊等六姓氏先民最早落户开辟黄柏寨、菜地寨等周围五个苗村侗寨的统称。见陆湘之《三十三锹初探》，花苗网，http：//www.zghuamiao.com/nd.jsp?id=326#_np=4_11，最后检索时间：2019年3月2日。

江东。我祖迁中黄、大段，搬地崩，迁竹岭，移滚固，落担双江。正统间，剿双江，死九十九人，招安宰一牛，易名亡百，又改字曰黄柏。时招鼻祖步花等安居仙鹅抱蛋，黄柏寨赐之枪药，守八蛮洞口，祖花招人居地庙，有歌曰："黄柏有个名步花，招居地庙几人家，几个人家纳粮米，年年十月交送他。"

此处叙述中，除江西吉安府或存攀附之嫌，"奔旧乐、旧夷、旧剥"亦不可考之外，后续的迁徙路线非常明确且具有连续性。自上黄、潘老（此二地位于黎平县中潮镇）一分为三，一部分迁往芙蓉、金殿（此二地今属通道县），一部分转往靖州江东，后落担黄柏。随着家族的扩大，不断开拓，分居周边村寨：

落担始祖步花、步官、步位……步花之后居岩嘴头万才井上是也，步位之后居黄柏老寨是也，步官之后居黄柏上寨有居饭囊黄陌屯，二代祖公伸后裔居我菜地湾。

与此同时，在一定程度上形成了对地方的控制，进而招居他人开辟周边，地妙即由此开村立寨。在地妙寨对面溪边山脚，立有盘古祠，陆宗炎先生在为重修盘古祠而拟的碑文中也提及地妙吴姓的迁移历史：

远溯明朝成化年间，有陆、龙二姓开辟地妙，在斯开基拓业，二姓在青龙界立祠供奉盘古，沿袭至天启年间，又从青龙界迁至庙脚。崇祯初年，黄柏潘姓徙居庙脚，吴姓亦接踵从贵州徙居寨佬冲创业开基。历经明、清、民国三代四百余年香火不断。[1]

---

[1] 吴宗炎：《盘古祠碑纪序》。吴宗炎先生关于重建盘古祠作碑序草稿的片段。由于种种原因，这份碑序并没有被最终采用，最后刊刻的碑文为他和另外两位先生"综合敬撰"。

其中黄柏、菜地、地庙、万才、岩嘴头这五个寨子统称为"六户"，与同属中锹并名为"三排半"的其余四寨相别。在乾隆《直隶靖州志》中，可见此五寨与另外四寨分属不同寨长管辖，亦体现了早期移民开村立寨所奠定的地域社会的基本格局。

因其地处偏远，王朝国家力量往往鞭长莫及，亦不乏"寄籍就轻者"谋生于此。[1] 此外，或有村寨与汉民土地犬牙交错，亦有卫所、塘汛、屯堡间杂其中或环于四周，使这一区域的人群关系更为复杂，种种冲突亦因而产生。

锦屏岑梧寨的陆氏先祖由地妙迁出，在他们的族谱中，也记载了陆氏先祖相富、相岁与黄柏六户合作，与屯民诉讼之事：

> 有黄柏寨六户之人，与相富、相岁商议，若无三屯地方，阔活难以维持。相富弟兄答应六户，与众商议，出盘费给相富去靖州告发。蒙官断得寨脚屯、花果屯、岑寨屯地方。屯堡不服，又往天柱城告，又输后众人又商议上云南去告。相岁去疏事延久，六户所凑盘费用空，写信下来要银使用，六户众人无银，相富无奈将自己藏在皮鞋内之银送上交与相岁，后将条案下来，官司得赢。黄柏六户先言出银共告，目无出入之银，将相富所私出皮鞋银补田一丘，名叫皮鞋田，然后写黄柏六户分地方。[2]

相富之孙双元于康熙初年迁往岑梧，由此上溯两代，族谱所载争讼一事或发生于明朝末年。2007年夏笔者于地妙寨进行田野调查期间，在陆宗炎老人的帮助下，从一处废弃屋基上寻得一残碑，

---

[1] "按老志云：靖编户一十九里，内寨市、中洞、六团原系苗民，惟纳正办粮差，宽其杂役，来则安之意也。先年遂有寄籍就轻者，节经大造编审之期，严查禁治，弊乃渐除，不然几何不胥而为彝也。"康熙《靖州志》，《中国地方志集成·湖南府县志辑》第64册，第332页。

[2] 锦屏县岑梧寨《陆氏族谱》，1986，第11页。

上面刊刻了康熙四十三年的一份字约:

> 　　立清白□约人黄柏老寨、菜地……潘良全、潘华美、潘
> □□、潘忠□……潘老禾等,今为康熙四十三年……查塘关官
> 兵苦泪(累)地方难当,五寨……豆子二斤,□□地庙不复
> 与寨□……五寨自愿□断。又有粮禾额定二……二两,五寨亲
> 手领回,□有右豆粮……悔者,执碑赴官,潘姓自干□罪……
> 　　代笔　吴有明……
> 　　康熙四十三年四月……
> 　　永远……①

　　从这块残碑刊载字约的格式和内容来看,此时锹里的部分人已
经熟练掌握了契约的书写方式,并勒之以石以彰显自己的权益。由
于碑文严重残缺,我们只能从存留的片段中猜测黄柏、菜地湾等中
锹五寨与查塘关官兵之间存在严重的矛盾,五寨之人欲通过此清白
字约解决的具体问题也无从得知,又似与完纳粮禾有关。

　　此后,官兵对于地方的需索并未停息,黄柏寨另一块雍正三年
(1725)的碑刻更为细致地呈现了此时锹里内外族群之间的种种冲
突:

> 　　……辑汉苗事,照得汉苗同属朝廷赤子,守土之官皆一视同
> 仁,原无厚薄之分。兹本州遵奉宪檄,复立查塘关,移诸□营拨
> 兵防巡,原以杜汉奸之不出苗寨,凶苗之不入内地,两相安宁之
> 至意……从前陋习合行严禁,嗣后二甲排年永行革除,不许再入
> 苗寨滋事,所有钱粮付九甲排年,□□纳其租鸡大房钱,以及监
> 屋□界一间一钱烟禾永行革免。如二甲人等敢再私收,许苗民解

---

① 该碑仅存留上半部,省略号为缺失的下半部碑文。

赴州，以凭尽法严处。其防汛兵丁，所有上下扛抬进送，以及采买油盐、菜蔬、马蹄钱等项□□□□□陋规亦尽革免。如汛兵敢再需索，许尔苗民禀控协府及本州衙门，以凭究治。倘有汉奸私出苗地勾引为非，许苗头扭拿解究。若尔苗民有入内地杀人放火，抢掳打劫，挖人头颅，捉人枷扭，勒银取赎等项不法重情，着落老人苗头执拿送州。如负固不出，定即协同营兵入宅搜拿详究，按律斩首示众。如偷盗汉民牛马，割借汉民田禾，拿获照律追赃，脸上刺字枷贲。若有凶苗越关，擅入内地，许地方人等拿解究处。再照洋溪汉民与万才□□接壤而居，田地山场相联，往往构怨，酿成大祸，此后务遵本州德化，消释前嫌，子孙永相和好，各保身命，敢再生端，定即严究不贷，特禁。

　　一免地庙□鸡永革；

　　一免万才起屋一间一钱永革；

　　一免柴、水、火二□人夫永革；

　　一免关房墙坏，在……

　　雍正三年四月　日立①

　　清政府为"杜汉奸之不出苗寨，凶苗之不入内地"，施行封禁政策，并设立查塘关，派驻塘兵巡防。② 派驻兵丁历来对地方多有需索，除摊派采买费用外，尚需征调人夫，这些陋规一并废除。其中亦提及之前钱粮为二甲排年，二甲或将之转移给苗寨，进而滋生

---

① 2008 年夏天，笔者在黄柏寨进行田野调查之时，寨老等人在一水井中将该碑打捞出来。不同于俾嗟寨埋在水塘淤泥之中的三锹合款碑，由于长期受井水冲刷，该碑边缘已大片剥落，字迹模糊。《三锹乡志》中亦录有此碑文，唯错讹之处较多，经核对原碑，录得此文。靖州苗族侗族自治县三锹乡政府编《三锹乡志（初稿）》，油印本，1999，第 621 ~ 622 页。

② 据乾隆《直隶靖州志》所载："查塘关，与贵州锦屏县之湖耳司交界，离本城七十里，驻劄外委把总一员，防兵二十七名。"乾隆《直隶靖州志》卷之一《封域》，《故宫珍本丛刊·湖南府州县志》第 16 册，第 81 页。

图 1 - 3 靖州三锹乡黄柏寨（摄于 2008 年夏）

说明：在当地村民的热心帮助下，保存在水井中的碑刻被捞出。

事端，今则免除二甲排年，转由九甲承担。此处二甲与九甲所指具体村寨及族群我们不得而知，或许是在三锹苗寨丈报钱粮之后，被就近编入的由一里内原各村寨。由一里内有洋溪汉民，其土地山场与万才等寨相连，故常因山场的纠纷而发生冲突。

由上引两则碑文观之，虽然三锹村寨被纳入里甲系统，获得正统化认同的资源，但是强加其上的各类负担以及与原有里甲内人群的冲突，使三锹各村寨并不能很好地融入既有里甲体系。三锹村寨之间既有的联系并未因编入各里而逐渐弱化，反而不断加强，这也是三锹村寨始终自成一体，最终专以锹里之名与其余各里相提并论的重要原因。

三 锹里的地域联盟

熙宁九年（1076），宋朝收复羁縻诚州，故明洪武《靖州志》

中记载："熙宁九年，始得诚州焉，诚为中国州自此始。"① 然而，此后朝廷对于此地的政策摇摆不定，城寨反复废置，以致诸"蛮"叛服无常，地方社会的动乱从未停息。② 元祐五年（1090），御史中丞任上的苏辙见此地动乱不断，谴责地方官员处置不当，他对此处形势的判断体现了当时朝廷对待边地的矛盾心态：

> 今渠阳、莳竹虽名州县，而夷人住坐，一皆如故。城池之外，即非吾土。道路所由，并系夷界，平时军食吏廪，空竭两路。今欲举而弃之，实中国之利也。然其兵民屯聚，商贾出入，金钱盐币，贸易不绝，夷人由此致富。一朝废罢，此利都失，此其所以尽死争占而不已者也。自来废罢堡寨，全护兵民，捍御追袭，其事非易。况今夷人阻截道路，兵未得进，若不得良将处置，实恐为患不浅。又其种族遍据诸洞，跨涉湖南北、广西三路。③

有明一朝，虽于明初设立靖州、五开、铜鼓三卫，朝廷对靖州一地的控制依然较弱。由宋及明，地方政权面对的威胁不仅是治所周边苗民叛服靡常，还有来自贵州苗疆腹地与广西等地各种族群的冲击。这些大规模的民众运动如何组织起来，与地方社会的传统组织有关。

湘黔地区不同族群或村寨间的联盟组织在宋人笔记中便早有提及，如洪迈《容斋随笔·渠阳蛮俗》载："靖州之地……田丁之居，峭岩重阜，大率无十家之聚。遇仇杀则立栅布棘以受之。各有门款，门款

① 洪武《靖州志》，"历代沿革"。
② 宋朝对此地的经营，参见陈曦《进退之间：从羁縻诚、徽州的变迁看宋朝对诸"蛮"的治理》，《广西社会科学》2015年第3期。
③ 苏辙：《论渠阳蛮事札子》，《苏辙集》，中华书局，1990，第782页。

者,犹言伍籍也,借牛采于邻洞者,谓之拽门款。"① 朱辅《溪蛮丛笑》"门款"条则云:"彼此歃血誓约,缓急相援,名门款。"②

带有村落联盟性质的"议榔"或"款"是苗疆一带维持社会秩序的重要组织形式,广泛见于湘黔一带,如青山界四十八寨等。在靖州锹里一带有歌曰:"上锹合款牛筋岭,中锹合款在岩田,官田合款下六寨,制订乡规的地方。"③ 对于当地"合款",有如下记叙:

> 又到万历四十八年,内苗作反,打劫铜鼓卫马家,伤刘氏婆婆之人丁。地方万户,下京奏本。圣上准旨,发得常声带领十四万人马,征服地方。裕后,在双江鹅凤口安一款,九坡三排半岩板田安一款,三锹里牛筋岭安一款。如有匪患,准其斩杀。地方平息安稳,正得太平。
>
> 又到乾隆元年,三锹里滥泥冲龙起美犯都犯款。勾引贵州亮寨司汉兵入寨,朝藏夜行。夜则行贼,挖墙拱壁,偷高坡张家之牛。三锹里二十四寨众款正拿在牛筋岭过刀处斩,地方正得太平。
>
> 又到咸丰六年,有罗火王、张元帅犯都犯款。纠合不良之徒,乘机作乱,扰害民生数载。奉郭大人、储大人、戈大人公谕,正有二十四寨款首,拿获罗张二贼。在牛筋岭过刀处斩。地方方得太平。
>
> 又到同治六年,东白侯带领清江苗数千人扰害地方。有款首龙彩鹤、潘光贤、吴炳鉴奉州扎谕,带领团练捉获东白侯,在牛筋岭处斩,地方太平。④

---

① 洪迈:《容斋随笔·渠阳蛮俗》,四库全书本。
② 朱辅:《溪蛮丛笑》,"门款",四库全书本。
③ 《数寨歌(一)》,《靖州苗族民歌选》,第11页。
④ 《款会请神词》,转引自吴治德《〈侗款〉的"款"字探源——兼谈"都"字》,《贵州民族研究》1992年第2期(总第50期)。

从中我们可以发现，合款的目的都是应对地方社会遭受的外来冲击，或者惩罚偷盗行为。王朝国家的代理人也往往借用这一地方社会既有的组织形式来维持地方的秩序。事实上，地方的大规模动乱也往往是在这一组织形式下发展起来的，地方官员对于民间的合款行为也是存有戒心。①

地域联盟关系也往往以同踩芦笙、同一歌场等形式体现出来，共有一个芦笙堂并一起举行活动的村寨之间的关系也更为密切。1915 年，滥泥冲等寨开芦笙场，从订立的碑文中我们了解到，各寨同踩芦笙之时也一同举行祭祀活动。其碑文云：

> 盖闻上古立极制笙，象物贯地而生也。春祈以应气候，万物发生，秋报以享上帝而五谷丰登，垂统於矣！余等效上古之德，以酬天地之恩。想我四寨共开芦笙场以来，众等同设禁律，勒石流芳。各寨不分贫富男女，务要赴芦笙场吹笙歌舞，庶凡不失上古之礼。如有一寨未至者，众等公罚其敬神等一切费用，是日当面交清，不准拖欠分文，以及为首不得隐瞒暗骗，至后查出，照律罚处。自禁以后，同心恭敬，神赐风调雨顺，五谷丰登，共享升平之福矣！所有条规开列以后：
>
> 一议各寨不论贫富男女，齐赴笙场歌舞，如一寨不至者，罚银一两三钱。
>
> 一议敬神费用，即日当面交清，不得拖欠，如有隐瞒未赴者，照律罚银三两三钱。
>
> 一议各寨头人每年照烟户派钱若干，除客姓在外，务要公

---

① 例如，贵州巡抚在经历咸同年间的地方动乱后便要求不得因小事擅自开款："黎平一带隔属联团，谓之联款。嗣后，小事不准开款。万一遇有成股贼匪四出窜扰，方准款众齐款抵御。其平日偷盗、强抢案件，只由邻近之团料理，俱须送官，不准齐款去河烧杀致死。如再有犯以小事开款者，定即重惩。"安成祥编撰《石上历史》，贵州民族出版社，2015，第18页。

行正道，不得妄派分文，妄派者罚银六钱六分。

一议我等芦笙场，乃敬神之处，外来客商贸易，不得以大欺小，以强欺弱，不准私闹，犯者罚银六两六钱。

一议各寨男女，务要心存正道，不得妄行戏豫，犯者罚钱九两九钱。

芦笙场执事人

烂泥冲、塘保寨、尧管冲、老里盘、高营寨、潭洞寨、大溪寨

民国乙卯年秋月吉日众立①

碑文中提到的几个寨子均属靖州锹里之上锹。芦笙场乃敬神之处，除男女老幼吹笙歌舞之外，亦有外来客商乘机贸易。"除客姓在外"的地方各寨，皆须"按烟户派钱若干"参与其事，表明"客姓"群体被排除在以三锹村寨为核心构建的地方社会体系外。②大致在同一时期，滥泥冲寨还掀起了一次"神兵"赶"野猫"的斗争，赶走了除一位木匠之外的其他客民，夺回寨权。③

小　结

靖州锹里的地域社会呈现了复杂的族群关系和地方组织，这里苗、侗族群建立了因时而异、范围不一的村寨联盟关系，与屯所军民、客民多有互动，与王朝国家的关系也若即若离。

在本章当中，笔者并未对锹里村寨的联盟关系在不同时期的变迁，以及折射出来的锹里内部不同族群之间的权力关系、地方社会

---

①《新街芦笙场款碑》，《侗族部分地区碑文集》，第26~27页。

② 靖州苗族侗族自治县藕团乡政府编《藕团乡志（初稿）》油印本，2001，第319页。

③《藕团乡志（初稿）》，第16页。

与国家之间的互动展开详细论述。只是由此表明，原乡的族群关系与村寨联盟的组织方式，对于迁出锹里的移民群体具有重要意义。通过对原乡社会的认识，我们可以更为深入地了解迁徙到清水江下游黎、锦两县的三锹人在社会组织和认同建构上的诸多特点，这也是本书专辟一章探讨锹里地域社会的意义所在。

当王朝国家尚无力经营此地之时，往往实行"杜汉奸之不出苗寨，凶苗之不入内地"的封禁政策，但这一策略不能阻挡人口向苗疆腹地的自然流动，清水江支流乌下江、八洋河流域三锹人的先祖便由这一带迁出。原乡社会以合款的方式建立村寨联盟以应对危机、维系秩序，迁往他乡的三锹人也采用此种方式，通过村寨合款以便在资源竞争中维系自身利益。在锹里人口逐渐流向清水江下游一带之时，原乡人口已经在用契约文书的形式确定权利，这一实践或许也被移民带入了新的地域，在尔后的山林经营中起到了重要的作用。今天我们依然能看到的锹里人熟练掌握苗、侗、酸汤话等多种语言的能力，也为三锹人在清水江流域与不同族群交往提供了便利。

当然，在部分人迁出锹里之时，地域社会也在不断变迁。锹里人也并非一味地与王朝国家保持距离，既通过"丈报钱粮"获得编户齐民的身份，也通过参与科举考试不断拉近与王朝国家的距离，并于道光二十二年（1842）在高营设立书馆。①

及至当代，当清水江下游一带的三锹人进行民族识别调查，地方人士期盼"锹族"的身份时，锹里民众早已被认定为苗族、侗族。锹里也因花苗聚居，地方政府努力打造"中国花苗之乡"的

---

① 据俾嗟寨《潘氏族谱》抄本："雍正三年，祖约成、文明、国明得州主王讳鸣岐设义学，蒙汇送学宪，潜取三名，黄陌吴文茂正科是也。奖桅不眠，祖文明呈学院批苗生保童，祖云先、瑞明、唐美续入学。乾隆二十七年，苗籍改为新籍，我苗夷俗赖得而乡试焉。"书馆的设立见《藕团乡志（初稿）》，第255页。

文化旅游事业，被清末知州金蓉镜称为"靖州竹枝词"的地方民歌也以"苗族歌鼟"之名成为国家非物质文化遗产。[①] 随着苗族歌鼟不断出现在各大舞台，锹里村寨也在一些热播的综艺节目和纪录片中频频亮相，如2014年湖南卫视的亲子真人秀节目《爸爸去哪儿2》便在地笋苗寨实地拍摄，后来火遍大江南北的美食纪录片《舌尖上的中国》也展示了锹里美食与地方风情。清水江下游三锹人与原乡之间在文化展演上呈现的差异或许可以放在政府主导之下的不同政治、经济脉络之中理解，同时也为我们揭示了认同的流动性和建构本质。

---

① "靖州竹枝词：古州苗歌皆三七言，如乐府商歌读曲之类，或七言四句，如竹枝。"见光绪《靖州乡土志》，第392页。

第二章 "条条龙脉落他乡"：
三锹人的移民历史

据螺蛳脑右边的田坎上的荒坟石碑传告，悉知坟内长眠的人，乃姓龚。其对面，即从也故田冲右边岭上所住的一家人家（住址犹在），即是他喊得对门邻居。"从也故"，是苗名。从即汉话的冲，也即汉话之田，故即汉话的侗字。全意为：此冲田，原系侗族兄弟的。他们虽然和睦友爱，据说，不太正派。一个晚间，左边的人偷来一坛酒后，路过田坎上时，向右者招呼："公，过来喝酒……"我五代前的通道公都得吃过他们偷来处死后的牛肉。

一天，通道公在犁田，有几个生人到此问他说："公，你老人家见到有人牵牛过这里不？"道公说："没见过呢……"牛的足迹是到这里了，但仅到此而已。飞天去了？

这天，天气颇冷，见到下面有火烟袅袅而上。公即到下面去找火烤。他看见他们几人围在的中间，是用一张鲜牛皮，四脚四捆在四个木桩上，于中间低凹处，放上已分割成片状的鲜牛肉，活像灶上已滚了的一大锅牛肉。当其发现道公时，一个个不约而同地满脸笑容地喊："公，快，快来吃牛肉。"除吃饱外，还抢了公的饭盒去满满地装上后，才让公上去。原来，于田之边不就有个悬崖绝壁么？大约有20米高，人们经过它上面不无小心翼翼的。仅为一些密密杂杂而不太高的丛林遮住视线，而看不到底罢了。此牛还不是他们把它推下悬崖而摔死的？正为此这冲田叫"从也故"，是人们都认为他们大概乃来自高坡九寨，境内除该地外，别地是不听见有龚姓的。显然，从也故这冲田，乃是我先祖接手于侗族兄弟手里。

事物是有逻辑及理性的。据逻辑或理性推敲，岑梧陆姓，来自江西吉安府（今吉安市），落户于湖南靖县一百余年（具体住地即地妙），之后的清康熙元年（墓碑记载）又由双元公（葬于华洞村后田坎上）由地妙迁往先已访妥的华洞村居住（原名扒洞）。先到该地居住的是姜白受老人，姜田土广阔，倘依他的要求：改陆姓姜的话，那么，其一统田土愿与双元公平半管业，子孙万代无悔。我双元公不忍心背弃祖宗，激怨于姜，于是一反常态，对双元公非常冷漠了。是于康熙末年，终于出走华洞，携带妻子儿女，到他的境界外今岑梧与华洞交界之一坪子中扎棚居住（即今岑梧陆姓的坟场）。

姜白受发现公出走那天，他问公："现在搬到哪里去？"公宛然说："就到那边，隔这里不过一排远。"（方语用两手放直，以量东西的长度，量一下叫一排）当今地名，叫这坪子为"平展寨"。

公与受对话时，用的是苗语。以"排"字和"寨"字组词，即"排寨"。倒着喊，即苗名。此称谓，当今锦城内的苗家兄弟一直沿袭着喊。

认为此处可居，嗣后，潘、吴、龙，也分别离开堂保、万才等地（俱湖南靖县，距地妙不远）相随来这里。据说：龙姓来于剑河，至于新吴家呢？（岑梧吴姓，有旧吴新吴家之分，旧的，即当今吴美坤、传松等；新吴家，即吴开贵老人之后裔：美斌、美光、美藩等。）吴开贵老人，据说，原家业并不坏。可不详原因何在？却离乡背井，迁到这里。①

　　这篇名为《岑梧人的来历和取代》的文章讲述了曾经生活在岑梧寨的人及其事。梳理故事的梗概如下:岑梧寨的开山祖双元公由靖州锹里地妙寨迁居到清水江流域的华洞寨,因不愿改姓为姜,再移至岑梧扎棚居住,岑梧村中潘姓、吴姓人群随后也由靖州锹里地妙附近村寨迁入此地。其间,尚有两户来历不明的人在寨子周边居住,后不知所终,其田土亦由岑梧寨中之人接手。

　　考察文章中种种细节,我们可以进一步思考:他们为何在清康熙年间移居到清水江边的崇山密箐之中,是如历史记忆中的逃难至此,还是基于某种动机而做出的理性选择?这些山地是可以随意开垦利用的无人之境,还是需要以某种方式获取入住的权利,又如何进一步确保自己的权利?在这高山密箐之中,依靠何种生计方式确保人的生存与繁衍?来自不同地方、言语殊异的人相遇于此,他们如何交往,产生了什么样的关系?在本章中,以岑梧寨为中心,结合口头传说与族谱、契约等民间文献,围绕这些问题展开进一步的探讨。

一　三锹人的移民过程

　　不仅在岑梧寨,在清水江流域其他"苗""侗""客家"等族

---

① 陆秀裕:《岑梧人的来历和取代》,《岑梧村志》,手稿。2006 年夏天笔者在岑梧寨开始田野调查之时,陆秀裕先生已年过花甲,喜好读书写作,但因事故眼睛受伤,成日闭门不出。笔者常常和他聊天,并有机会读到他写的系列文字。除《岑梧村志》《岑梧村史》《岑梧村杂志》外,他还著有讽刺小说与 1000 多首诗歌,其中许多文字平时秘不示人。老人家曾多次表示希望将这些文字出版,后来再去岑梧时他已经辞世,这些用他孙子的语文作业本写下的文字也随他而去。

群生活的大大小小的村寨中，也流传着自己祖先迁徙历程的种种叙
事，或口传，或载于族谱、契约、碑刻。① 从清水江边到两岸的崇
山峻岭之中，整个明清时期不断有人迁入此间，又或由此出发远走
他乡。

在有清之前，明王朝为保护入滇通道而在清水江流域周边设置
卫所，由外省他乡迁移至此的军民，在孤立的几个据点与周边族群
的不断冲突中艰难地维系下去。② 民间亦有传言，人们因各种原因
而流落至此。③ 其间更多的是区域内人口在山地之间的内部流动，
但这些人自由流动的规模和路线多流传于口碑之中，难以考证。

道光二十七年（1847）贵州布政使任上的罗绕典辑录的一段
文字，描述了清水江下游地区的外来移民租佃、购买田土，并定居
于此的情形：

> 又有清水江边之三江九寨，当即吏目所辖之地，皆不归土
> 司管辖，山高岭峻，高坡苗聚族而居，土多田少，客户数人，
> 悉皆承佃苗土，租挖苗人公山之蓬户。其蓬户土有定址，住有

---

① 在王宗勋主编的《乡土锦屏》（贵州大学出版社，2008）一书中，对锦屏全县
  205 个行政村的自然环境、发展现状和历史变迁进行了详细的介绍，其中大部
  分村落提到了人口迁移的历史。
② 洪武三十三年三月，"古州上婆洞蛮林宽自号小师，聚众作乱，攻龙里守御千
  户所"；四月，"古州蛮林宽复率众犯新化，突至平茶，守御千户所纪达率壮士
  七十人击之"。贵州省民族研究所编《〈明实录〉贵州资料辑录》，贵州人民出
  版社，1983，第 103、104 页。
③ 据民间抄本《三营记》记载："黎平北路之清水江，距城一百四十里右一带地
  方，上自瑶光，下至平略沿河一带，今所称为三营者，历代传为善地。明时，
  三营后龙有银矿坡，出银甚旺，民多渔利，盅害滋多。田宣慰统军弹压，以行
  营为营，坐营为寨，田获厚利，捆载而归，覆舟，没于平鳌寨脚之白岩滩。其
  二妾曰：'生也共事田宣慰，死也共在白岩滩。生也同生死同死，随君淹殁心
  也甘'。泣毕，其投江殁，遂为后人传诵。其余营寨兵丁流落此境，各相掘地
  竞垦田土，专以栽杉耕种为业。""2002 年电站大坝掏基时，民工在此处掏得
  数块重四五十斤的银块"，这或许能从侧面印证这一传说的真实性。见王宗勋
  主编《乡土锦屏》，第 120 页。

定向，与古州一带蓬户相同，大率典买苗产者十居五六，非若镇远之抱金、邛水蓬户迁徙靡常也。①

此种情形，是清水江流域在清王朝多年的开发经营之下自然而然形成的结果。雍正年间王朝力量通过军事征伐开辟"新疆"，将这一区域渐次纳入清版图之中，地方官府主导之下的疏浚江道也由此开始，使两岸遍山的木植能更加便利地运至下游。② 木材贸易的诸多环节，从砍伐到运输，都需要大量的人力参与其中，尤其是在那些远离江道的高山之中。随着原生林逐渐减少，人工营林继而兴起，清水江流域的自然生态环境与政治经济结构的变迁共同制造出新的"生态位"，为大量的外来移民提供了生存空间。

其实，三锹人移民清水江早在这一区域大规模开发之前便开始了，先后落脚于清水江支流乌下江、八洋河上游等处。三锹寨子九佑的林姓人自称是林宽后代，在明朝林宽起义失败之后逃往深山之中藏匿。寨中一块民国时期的修路碑中写道："吾村地名九佑，先祖自明永乐年间移住落业。"寨中其余各姓与其他三锹寨子中的人一样，则多由靖州锹里一带迁居至此。乾隆十四年"三锹合款碑"中提到"兹余三锹自先祖流离颠沛于斯，迄今已近百年"，此处的"已近百年"并非为了修辞的需要而刻意夸大。黎平县大稼乡的乌山寨，是在清水江下游支流乌下江源头附近的一个小村寨，村落中生活着吴姓、杨姓等人群。笔者在乌山寨进行田野调查时，在一份名为《吴氏谱根》的文献中发现："尚与公由湖南地笋寨来到乌山等处居住，尚与父亲名绍波。一世：尚与公，娶潘氏，子一，名德全。"乌山吴姓人所存留的契约文书中时间最早的当数康熙四十三

---

① 《黔南职方纪略》卷6《黎平府》，《中国方志丛书·华南地方》第277号，据道光二十七年刊本影印，台北：成文出版社有限公司，1968，第159页。
② 关于清水江流域的区域背景和早期开发过程，见张应强《木材之流动——清代清水江下游地区的市场、权力与社会》，第18~49页。

年的一份文契，其中记录了吴相宇，即此谱根中所载之尚与公，购买"杉山蜡树坡地"的交易记录。

在岑梧寨，最早在此扎棚居住的双元公由湖南靖州地妙迁来，按岑梧寨《陆氏族谱》的记载：

> 居银在地妙生二子双元、孝元。由双元公从地妙迁往贵州省黎平府开泰县龙里司扒洞居住，后又由扒洞迁往岑梧。双元逝世葬于扒洞后龙山卯山酉向。①

双元公娶龙氏，育有二子：贵还、贵明。岑梧寨藏有数份被视为"镇寨之宝"的契约，详细记录了其先祖在康熙五十四年（1715）以来购买山场田地的过程。

> 立卖山坡芳平，苗馁寨杨香保、笼保弟兄二人，今因家下要银紧急，自愿将祖父山场芳平，坐落土名九白冲乂右边，上凭深冲领吴姓山为界，右边平路凹为界，恁凭陆姓挖沟过坎，山凹开垦田丘栽杉。要行出卖，先问房族，后问团邻，无人承买，请中问到庙吾寨现宇、现卿名下承买开坎管业。当日凭中三面言定，断价银四两八钱整，杨香保弟兄亲手领足。其山芳平冲乂恁凭陆处管业，日后不得翻悔，如有翻悔，发生金一两、龙角一双，上平天理，下平地神，今欲有凭，立此断卖契，永远子孙存照。
>
> 凭中姜太乔、龙党格、姜高明三人共银八分
>
> 代笔沟与安受银八分
>
> 康熙五十四年二月十六日立卖

---

① 按，扒洞即华洞，在清代为平鳌寨的子寨。锦屏县岑梧寨《陆氏族谱》，1988，第20页。

天理人心管业发达①

契约中的庙吾寨即岑梧寨，现宇、现卿在族谱中又写作盛宇、盛卿，分别为贵还、贵明之子。至康熙五十四年签订契约之时，陆氏已经发展到第三代，由此推断，本章开篇的叙述中陆姓先祖于康熙元年（1662）由靖州地妙迁移至此的说法颇为可信。

在这份契约中我们还可以看到，陆姓所购买的山坡荒坪紧邻吴姓之山，在陆姓人在此落脚生根之时，吴姓人也在此谋生。在岑梧吴姓人所藏《吴氏族谱》中夹了一张颜色泛白且已经被虫蛀的红色纸片，题名《吴氏宗谱》，上面简单记录了自开山始祖以来的几代世系：

> 始祖出在净州所管地名地布，移致贵州黎平府龙里司，小地名岑梧寨居住，所生子三人，曾祖吴连贵，二祖吴起贵，绝，三祖吴新贵，移居俾爷。

从中可以看到，吴姓人群迁自靖州地背寨（即引文中的"地布"），地背与陆姓人的迁出地地妙同属锹里的中锹。吴姓所生三子，一人继续留在岑梧，一人则移居俾爷，也就是发掘出三锹合款碑的俾嗟寨。清水江下游的三锹村寨也就由此逐渐发展起来。

二　移民动机与生计方式

三锹人移居清水江之初，其生活的区域尚在王朝力量的控制之外，在官方的征讨之下，附近靠近江道的村寨随即纳粮附籍：

> （康熙）三十三年八月，清水江韩世儒、米元魁等作乱，官

---

① 该契约原件藏锦屏县档案馆，复印件由岑梧村委会保存。

兵往戡之，贼遁走。冬，知府宋敏学、副将罗淇请巡边，以弥奸匪。于是平鳌、文斗、苗光、苗馁等寨生苗皆纳粮附籍。[1]

平鳌寨是其中纳粮附籍的村寨之一，寨上所存一则碑刻更加详细地反映了这一时期地方社会的状况：

为扣天赏照，勒碑以安民事。据平鳌寨民姜明楼、姜爱楼、姜玉卿、姜龙卿等禀称，"我等生苗，僻居山箐，田地區窄，木山片无，历代锄坡以为活命，苦之至极，情莫可伸。于康熙三十五年六月内，叨蒙天星亲临巡抚，□□□愚昧，畏惧天威，各奔山林，惶惶无路可投，默默男女悲泣。幸获鸿慈，视民如子，出示招抚，复遂苏生。稗苗不知礼法，止倚土俗刻木亲为凭。回准每年输纳烟火银六两，敢不遵依，兢兢守法，赴府交完，再恳赏批执照给苗，准勒碑立于府门，以为永远规例。诉乞台前作主，垂伶极苦，佩斯格外之任，赏照勒碑，永受沾天之泽，使顺苗得以安生，免外民不致牵害"等情到府，据此合先给示。为此示仰平鳌寨民姜明楼等遵照，尔等既归版图，倾心向化，亦朝廷赤子。每年输纳火烟钱粮，务宜亲身赴府完解。每逢朔望，宜传圣谕，则孝悌日生，礼法稍知矣。今尔等愿归府辖，凡一切斗殴、婚姻、田地事件，俱令亲赴府控告，不得擅行仇杀。倘有故违者，责有所得。各宜遵府示。

康熙三十六年三月十五日示，发平鳌寨晓谕。

石匠黄忠义

平鳌寨人□□□等，为因缺延火烟粮银□□□乾隆二十三

---

① 光绪《黎平府志》卷5下《武备志》，页37下。

年伺尔议勒碑，以为永远定例……①

从这份碑文中我们看到，在三锹人移入之时，这一区域乃"不知礼法""擅行仇杀"之地，有其固有的社会运作机制，与王朝国家之间保持一定的距离。对于强大的外来力量的介入，平鳌寨人的反应是"畏惧天威，各奔山林，惶惶无路可投，默默男女悲泣"。虽然在康熙三十六年（1697）晓谕当地民众"输纳火烟粮银"，但直到乾隆二十三年（1758）勒碑之时，尚"缺延火烟粮银"。因此，在康熙三十三年（1694）的小规模征讨之后，虽然在官方看来此地已"既归版图，倾心向化"，但当地人的纳粮附籍或许只是迫于眼前的压力而作出的暂时顺从的姿态，王朝国家对于这一区域人群的实际控制依然脆弱，那些比平鳌寨更加远离江道的三锹村寨更是如此。碑文记述的内容虽然可以反映康熙时期的社会状况，但勒碑于乾隆年间，或许更能体现60多年间地方社会所经历的剧烈变迁。

雍正年间，清王朝在清水江流域展开了大规模的军事行动，对这一区域的控制不断增强：

> 又据张广泗禀称，在黎平西北之龙里、古州各土司所辖地方，逼近清水江、乌孟江等处生苗。此种生苗不独素性凶顽，肆无忌惮，且凡有罹罪犯法之人，携家窜入，恃作护符，实为养奸纵恶之区。今张广泗已会同新任副将李登科，于（雍正五年）八月二十四日起程前往，乘机剿抚，以清边境。②

---

① 王宗勋、杨秀廷点编《平鳌附籍碑》，锦屏县地方志办公室编《锦屏林业碑文选辑》，第48~49页。

② 《鄂尔泰奏缪冲既靖各寨归诚折（雍正五年九月十六日）》，中国第一历史档案馆、中国人民大学清史研究所、贵州省档案馆编《清代前期苗民起义档案史料汇编》上册，光明日报出版社，1987，第6页。

许多三锹村寨正处于张广泗描述的这一区域，这里山高岭峻、人群复杂，王朝力量一时难以企及。在雍正年间的大规模征剿之前，从王朝的视角来看，这里充满"携家窜入，恃作护符"的"罹罪犯法之人"，是国家权力边缘"养奸纵恶"的危险区域与动乱的源头。早期三锹移民的生存空间呈现的这一面貌，正如斯科特描绘的"赞米亚"，是一个逃避国家力量带来的各种磨难的避难所。①

在前一节的讨论中我们发现，岑梧寨陆姓先祖从靖州锹里来到清水江下游崇山之中谋生，时间大致在康熙初年。此时清水江流域大规模的木材贸易尚未形成，且单家独户迁入远离清水江河道的高山之中，也难以在需要大量劳动力的木材贸易中获益良多，将早期三锹人迁徙的原因归结为受木材贸易的利益驱使而作出的理性选择并不恰当。

除"三个撬猪佬"的传说外，《三锹人族属的调查报告》中对三锹人远走他乡的动机还作了如下的描述：

> "三锹人"在过去受着汉、苗统治阶级的歧视和排挤、欺凌。据传说：从前，由于社会黑暗，苗族人民起来造反，官府集中兵马镇压，造反队伍打了几次败仗，损失人员很多。苗族首领杨指挥为了积粮扩军，到三锹村寨要"三锹人"向他捐献钱粮和五户抽一丁。"三锹人"出不起钱粮，人数少而又怕打仗。杨指挥愤怒地说："你们'三锹人'一不出人，二不出钱粮，山是我们的山，水是我们的水，已经养活了你们好几代人了，现抽不出人者全家杀绝，抽钱粮不出者要赶出他乡。"结果，不愿去打仗的人被杀害，出不起钱粮的人被赶出外乡，逃荒度日。从此，"三锹人"和苗人也就结下了仇恨，一代代相传，直到解放前夕。

结合我们对三锹人迁出地靖州锹里的分析，这一地方自清初以

---

① 詹姆斯·斯科特：《逃避统治的艺术：东南亚高地的无政府主义历史》，第26页。

来虽然不时卷入更大区域范围的动荡之中，与王朝国家的关系若即若离，但总体上维持了三锹村寨联盟的稳定与延续。大规模的人口被"赶出他乡，逃荒度日"的情况并不符合锦屏、黎平两县三锹人由靖州锹里一带陆续迁出的历史事实。这段话语中的逃离对象"汉、苗统治阶级"，或许反映了更长历史时期内为逃避王朝统治或族群冲突的历史心性。描述与"苗族统治阶级"的冲突，也符合在民族识别中强调自身与"苗族"等其他民族之间的差异的潜在动机。

岑梧寨的《陆氏族谱》从个体的角度，具体讲述了始祖在落脚岑梧前辗转迁徙的过程：

> 此段记叙地妙始祖安居一事。
>
> 我始祖陆应财原居住江西吉安府后街火巷，迁居天柱城，又迁居古州高坝三脚屯，生相富、相岁、相万、相晚兄弟四人。因烧田埂失火上坡烧死一妇人，要将一子偿命，父子商议于十二月二十八日过年会餐后，连夜逃跑往天柱城。兄弟分散，相富、相岁逃往靖县地妙居住，相万、相晚移过天柱雷寨居住，分一支上河头居住……相富逝世葬于牛形，相富之子居生、居银葬于烧箕形。
>
> 居银在地妙生二子双元、孝元。由双元公从地妙迁往贵州省黎平府开泰县龙里司扒洞居住，后又由扒洞迁往岑梧。双元逝世葬于扒洞后龙山卯山酉向。[1]

《陆氏族谱》同样讲述了一个迁徙靡常的故事，陆应财由江西吉安府迁居天柱一段当然无法考证，[2] 但其子孙后续的迁徙历程所

---

[1]　锦屏县岑梧寨《陆氏族谱》，1986，第11页。中间省略的内容为相富与黄柏六户合作、控告屯民、争夺田产之事，见本书第一章。

[2]　1999年编撰的《陆氏族谱》（第63页）中则云："陆应财公住靖州，后迁往天柱巴州，又转回原籍湖南省靖州地妙。"

涉及的地名皆翔实可征。陆氏先祖腊月二十八日逃难的经历还深刻地留存在岑梧寨陆姓人的历史记忆中，至今岑梧陆姓人依然保留了腊月二十八日过小年的传统，寨中其他姓氏的人则非如此。逃往靖州地妙的相富、相岁两兄弟参与到黄柏六户与屯堡的纠纷之中，并因官司胜诉而分得土地。相富之孙双元则由靖州地妙迁入岑梧。族谱中没有提到双元与他的族人迁出地妙的具体原因，在田野访谈中也没有采集到相关故事。双元公的孙子华美后又由岑梧返回地妙，过继给陆宇为子。[①] 正如三锹歌中所唱"一班留下一班来"，陆姓人虽然迁往他乡各处，但也有留在原乡或返回原乡者。由靖州锹里迁入清水江下游的三锹村寨之中，并非如《三锹人族属的调查报告》所述由族群间的冲突所致。

陆姓人的上述迁徙历程当发生在明末清初之际，他们先后落脚的村寨地妙、岑梧，或者相晚一支由天柱雷屯辗转前往的锦屏石引，在当时都是王朝力量鞭长莫及之地，即使到雍正年间这些区域仍被视为"养奸纵恶之区"。远离国家力量，意味着获得了自由移动的空间，并避开了各项徭役负担。山地族群长期不断迁移的历史，使他们已经适应了这样的生存方式，当落脚之地的资源不再能够承担人口的压力，族群便发生分化，一部分人重新寻找新的生存环境。因此，兄弟分离各奔他乡，打破鼎罐各执一份以便日后相认，这一母题的民间传说广泛流传于包括岑梧陆姓在内的山地族群中。

虽然岑梧陆姓人的祖先迁徙叙事中也有逃难的情节，但更多的迁徙是出于生计需求的自由选择，安土重迁并非此时山地族群推崇的价值取向，前一章中俾嗟寨潘姓人"迁中黄、大段，搬地崩，迁竹岭，移滚固，落担双江"的迁徙历程亦是如此。在远离王朝力量的山地之间流动，也会面对同样在此寻求生计的不同族族，为

---

① 锦屏县岑梧寨《陆氏族谱》，1986，第 94 页。

了找到适合的生存环境，比如靠近水源和适合开垦的山地，或者避免族群之间的竞争（往往也有相遇之后发生冲突，失势一方再次迁徙的情况，如岑梧陆姓先祖双元公先在华洞居住，与华洞的姜白受发生矛盾，而后迁入尚无人烟的岑梧），山地族群在空间上呈现分散居住的状态。随着王朝力量的进一步深入，社会经济结构发生变迁，当迁入清水江下游的三锹人开始定居生活之后，便出现了我们现在见到的三锹村寨之间相距较远，点缀在崇山峻岭的其他族群村寨之间的情形。

在相似生存环境之下积累的各种知识，使山地族群在进入新的空间之后能够很好地适应下来。这一区域高山峻岭之间有较为丰富的动植物资源，使山地族群能够在粮食生产不足的情况下，利用其自身掌握的各种动植物知识，以狩猎采集的方式补充食物。在田野调查期间，笔者曾食用过蝗虫、九香虫、蜂蛹等昆虫，村民提到过去也会捕获竹鸡、竹鼠等各类小型动物，这些动物可以提供蛋白质，[1] 采集蕨根等植物块茎食用则可以增加淀粉的摄入。饲养鸡、鸭、猪等禽畜，并用坛子制作能长期保存的腌鱼、腌肉，则能确保更为稳定的蛋白质供给。

山地族群迁徙靡常，其积累的耕作技术在相似的生态条件下也能满足族群的生计需求。三锹人辗转迁徙的地点多在高山峻岭之中，这一区域茂密的植被涵养的水源为农业生产提供了必备的条件。康熙二十一年（1682），王复宗到任天柱知县，他留意到"岩壑间见夫火耕水耨，宛若邠土之遗"。[2] 由此可知，在下游山间已经常见焚烧荒地、引水灌溉的稻作农业方式。稻作农业与其他补充

---

[1] 基于较小的人口规模，历史上山地族群捕获猎物、采集植物食用以增加蛋白质和淀粉的摄入，并不会对生态环境造成太大的压力。但是在今日以捕获野生动物作为获取经济回报的手段，将其投入市场流通和消费，则会对生态多样性造成严重的破坏，笔者对此表示强烈反对。

[2] 康熙《天柱县志》，台北：成文出版社有限公司，2000，第12页。

生计相合，确保了山地族群的基本生存。康熙末年岑梧寨陆姓族群签订的系列契约中，所购买的土地都以某某"冲"（即山间有溪流的较平缓的地方）为名，便反映了在天柱上游清水江边山间生活的三锹人，此时早已熟练掌握"火耕水耨"这一生产方式，并认识到这些土地利于开垦的重要价值。

随着王朝力量的不断深入，以及开辟"新疆"之后的疏浚江道，木材贸易继而繁荣，原生林的日渐稀少催生了人工营林的兴起。木材贸易以及人工营林都需要大量的劳动力参与其中。木材的砍伐与搬运，以及佃种山场都可以换取金钱的回报，但区域内缺乏提供大量粮食的市场，林木生长的周期较长，开辟水田也耗时费力，因此，林粮间作的耕种方式出现，美洲作物的传播也为此时的新移民提供了新的生计方式。据《开泰县志》所载，"红薯出海上，粤西船通古州，带有此种"，乾隆十五年（1750）任开泰县训导的陈文政向贵州布政使建议广为播种。"春耕夏收，夏种秋收，止须壅土，不用锄耕"，且"可当米谷"的红薯解决了新移入人口的燃眉之急。[1] 在长期的耕作中，人们逐渐总结出了"三年锄头两年刀"的规律，即在山场植入杉苗的前三年，可以在林间种植小米、苞谷、烟叶等物，待到第四年和第五年时便停止耕种其他作物，并用刀除去杂树。因杉木成材时间较长，在最终伐木收益前，佃种者通过不断佃种山场，在林间套种杂粮维持生计。在锄坡种杉的同时，便可以逐渐开辟田冲，进一步丰富粮食的来源。

本地的自然生态特征和政治经济结构的变迁共同作用之下制造出的新的"生态位"，成了移民陆续迁入此地的动机。更多的来自靖州锹里的人凭借地缘的联系，投靠已经在此谋生的三锹人，从木植贸易中获取利益构成了这之后三锹人的迁移动机。岑梧陆姓先祖

---

[1] 乾隆《开泰县志》，"艺文"，冬五十四页，1964年贵州省图书馆复制油印本。

在康熙年间落脚岑梧之后，潘姓兄弟也陆续迁入，如岑梧寨的一份契约中提到：

> 小地名万才潘文达、弟潘文理，为因家贫如洗，无田可耕，固先年到于岑梧，依傍陆宗显锄地生理。[1]

从另一份契约中我们可以看到，在更晚的时候，依然有来自锹里的人来此购买山场，种杉为业：

> 立断卖山场地土约人扒洞寨姜起贵弟兄四人，为因家下缺少银用，无处得出，自愿将到祖遗之山场一块，坐落土名乌所，其山界限上登顶，下抵田，左凭潮，右凭岭，众山为界，四至分明。今将出卖与黄陌万财寨潘文明名下承买为业，当日凭中言定定价银九两五钱整，其银亲手领回应用，其山土自卖之后，恁凭买主耕种栽杉管业，卖主房族不得异言，倘有不清，俱在卖主上前理落，不关买主之事，恐后无凭，立此断卖山场地土为据。
>
> 凭中：吴有能、姜有全。
>
> 代笔：姜绍清。
>
> 嘉庆二十一年四月十六日立[2]

人口迁徙的动机是多样化的，经济的刺激只是其中一个因素。靖州地妙寨吴才友先生告诉我，100多年前，寨中有人因反抗舅霸姑婚而出走，到黎平县俾嗟村的眼批寨投奔亲友，成了眼批寨部分吴姓人的先祖。

随着人口的不断迁入及不断繁衍，有更多的劳动力投入田土的

---

[1] 锦屏县档案局编印《平略镇岑梧村委契约档案复印件之一》，2005，第62页。

[2] 原件存锦屏县档案局，此处根据岑梧寨陆宪基先生藏复印件。

开垦和木材贸易的各个环节之中,但面对人口的增长或者国家的压力,依然采取逃离的方式来应对危机。岑梧寨《陆氏族谱》中记录了民国时期从寨中迁出的 17 人的姓名和原因,[1] 其中 8 人为逃避兵役,其余则为生活所迫或"遗田买田,以少买多",卖掉寨中的田土后去土地价格更便宜的洋五坪居住。

三 移民传说与社会变迁

为何选择在现在的寨子里定居下来,三锹村寨周边各寨子里流传着种种传说。不同人讲述的故事不尽相同,但其中一些故事呈现了共同的结构性特征。文斗寨《姜氏族谱》云:

> 先辈自宋末从军至银矿坡,散居各处,大耕田土。有居中仰,有居羊告,有居里丹,人户寥寥,每处数十家而已。明初,居里丹者之鹅鸭,每放辙至文斗,恋不舍回。质之堪舆,请来观看,云:"此处真是到头横结,前朝上水,后朝高岗,左不见水来,右不见水去,明堂开展,朝对有情,依此筑室,富贵可期。"遂邀羊告之人,于明朝正统初年,移居至此,一居上寨,名皆冉丢;一居下寨,名皆冉南。[2]

文斗上、下两寨作为清水江边的重要村寨,不仅拥有大量的山场,在咸同"苗乱"等动荡时期,亦扮演了维持地方社会秩序的重要角色。平鳌寨在这一区域中的地位并不逊于文斗寨。在对平鳌

---

① 锦屏县岑梧寨《陆氏族谱》,1986,第 92~93 页。族谱上只记录了 1915~1948 年 17 名男性外迁者的姓名,查阅族谱其中部分人已经成家并育有子女,如果举家迁出,迁出的人口规模当更大。

② 《姜氏族谱·记》,转引自张应强《木材之流动——清代清水江下游地区的市场、权力与社会》,第 201 页。

寨姜姓人的访谈中我们得知,平鳌寨部分姜氏先祖最初也住在羊告,因放鸭至此,鸭不肯归,遂觉此处风水甚佳,乃迁居于此。

在岑梧寨,有访谈对象告诉笔者,"听公讲,先是到旧屋岭那个地方,后来牛爱到这里吃草,所以既然牛都喜欢这个地方,就搬过来了"。① 该村潘姓人则称其先祖在去靖州锹里挂亲返回之时,见所养犬只已在岑梧大寨产崽,遂从寨旁的眼陇迁入大寨之中。另一个三锹村寨岑弪寨的一位访谈对象也告诉笔者,"先前都不是住在水塘那里,后来牛去那里不回来,就觉得那地方可以,就搬去了那里"。② 甚至在靖州锹里也有类似的故事流传,据地妙寨一位吴姓老人讲,"这里(指地妙寨)原来是个竹子冲,有个塘,陆家、龙家两个大水牯打架,过来一看,有个地方有水,水一尝,有点咸,这个水好啊,就搬过来住"。③ 笔者从清水江下游三门塘附近喇赖的谢姓人口中获知,其先祖因家中之牛至此食草,不肯归去,遂从三门塘迁至喇赖。类似例子不胜枚举,可见这一类型的故事其实广泛流传于清水江下游流域及其周边地区。

这类故事的结构大致可以概括为:在迁入之前这些地方尚无人居住,因为饲养的鸭、鹅、狗、牛等家禽家畜到此流连不返,遂迁入此地。故事折射出某一时期这一区域山地族群的迁徙状态、生计方式与地权观念。首先,正如前文所述,在开辟"新疆"之前族群迁徙靡常,在群山之间流动并选择适合开垦的地方。传统的刀耕火种或火耕水耨的耕作方式也使在一地的土壤肥力耗尽之后须另外寻找地方。故事中各种家养动物所到地方的一个显著特征便是拥有水源,或水草肥美,这类地点对于人们居住和开垦具有巨大的价值。其次,跟随动物迁移而至的地方尚无人居住,可以自由地开垦

① 访谈自岑梧寨陆秀植先生。
② 访谈自岑弪寨一位吴姓长者。
③ 访谈自靖州地妙寨吴宗炎先生。

利用，反映出某一时期生活在山地中的人并无清晰明确的地权观念。就清水江边的高山地区来说，在木植贸易大规模兴起之前，远离江道的高山森林并不具有重要的利用价值，除了提供狩猎采集的来源，反而对开垦土地形成障碍。此外，故事中用风水的理论为迁居作出合理的解释，则是在与汉文化接触之后将汉人观念叠加其中，并由此表达对村寨的感情和认同。

图 2 - 1　平鳌寨附近望清水江（摄于 2009 年 3 月）

说明：从平鳌寨往北走不远，便可以看到清水江，由于三板溪电站大坝的修建，曾经两山之间的峡谷地带形成湖面。

除这类开村故事之外，我们还可以看到另一种结构类型的迁移传说，这类传说所反映的区域社会开发过程中的权力结构关系亦值得我们思考。在平鳌寨、文斗寨等据开辟"新疆"之利，一度颇有权势的寨子中，我们所看到的祖先故事尚有另一类叙事模式，如前引文斗寨《姜氏族谱》云："先辈自宋末从军至银矿坡，散居各处，大耕田土。"平鳌寨姜氏《平鳌上祠瓜藤谱》中叙述了其先祖移居清水江的缘由和过程：

> 我平敖姜姓始祖源于明朝洪武年间，有大洪、明洪、武
> 间，乃是姜玉化、姜玉明、姜玉善等三昆兄弟，出世于江西省
> 吉安府泰和邑（吉安市水县）东相义礼停之世家。……其三
> 公姜玉善，因其谋生，于洪武二十八年，由章（即今江西）
> 踊跃征戌往黔疆湖广黎平管辖之地铜鼓卫安家立业，因人心直
> 爽，品德忠厚，取得当地人民厚爱和信任，故深受群众拥为营
> 总之职，领导人民镇守铜鼓卫。

> 当其后代桥保、龙保、石保、德保等人，当时仍居住铜鼓
> 卫。在正统四年己未，由沅州（湖南芷江）开始伐木，开道
> 两百里抵天柱。玉善公发现清水江两岸森林茂密，盛产贵重木
> 材，朝廷常临此地征集皇木。从此时起，清水江河上的茅坪、王
> 寨、卦治等地变为木材交易中心，木材生意亦就日渐兴旺发达。

> 桥保公于景泰初年知悉这一消息，亦召集昆兄弟们研究移
> 居，向着清水江有发展前途之地方前进。于是，由桥保具体分
> 配，老大桥保走清水江下游天柱地带；老二龙保走清水江河上
> 游剑河地带；老三石保走清水江河中游平敖地带；老四德保仍
> 居铜鼓卫。各人按照分配的地点迁去创家立业。人发千支，水
> 流万派，由此时起，清水江畔上下左右都是有姜姓苗族人居住。
> 所谓称为新开苗江，就从此起源。而群居平敖启祖乃是石保公弟
> 二子，世来公为平敖万世之祖先。大本大源诚在斯也。①

这段叙述与我们在平鳌附籍碑中见到的"稗苗不知礼法，止倚
土俗刻木亲为凭"的自述形成鲜明的对比，无处不透露出征伐边疆
的武功与荣耀，为其拥有大量山场这一事实作出合理化的说明。

---

① 《由江西到平敖始祖居住情况》，锦屏县平鳌寨《平敖上祠瓜藤谱》，2003。

从"锹里"到"锹家"：清水江下游三锹人的移民历史与认同建构

　　刘志伟提醒我们，在面对"移民历史"时，研究者须注意区分所处理的是当时历史事实，还是将其作为一种历史记忆；并进一步指出，人们"构建"各种移民记忆与户籍制度的发展有着密切的关系。[①] 以南雄珠玑巷传说为例，其反映的并非南宋时的历史，而采用这一传说的其实大多乃当地居民，目的是通过这样的传说在明初的动乱之后确立正统化的身份认同，合法化对于资源的占有。[②] 同样，对于族谱中的各种祖先来历的叙事，应该将其放到地方历史发展的脉络中去解释，探求这些看似混乱的附会与传说背后的逻辑。[③]

　　因此，对于上述故事，我们不能将其视为明初的历史事实，而应放在清初开辟"新疆"的背景之下来进行理解。虽然缺少民间文献反映清朝早期的木材贸易情况，但从康熙二十二年天柱知县王复宗"为木植之役纷驰"这一情形可以判断，[④] 在开辟"新疆"并疏浚江道之前，一定规模的木植贸易已经出现，天柱上游的平鳌等寨或许也从中获利，并认识到那些深山老林潜在的巨大价值。沿江地带的木材能够更为方便地砍伐下河，沿江村寨利用地理位置的优势，在随后大规模的木材贸易中抢占了先机。木材贸易带来的收益也使江边村寨的发展规模更为壮大，而随着沿江木材的逐渐稀少，这些村寨将目光放在了腹地的山林，宣称拥有这

① 刘志伟：《"移民"——户籍制度下的神话》，《华南研究资料中心通讯》第 25 期，2001 年 10 月。

② 刘志伟：《祖先谱系的重构及其意义——珠江三角洲一个宗族的个案分析》，《中国社会经济史研究》1992 年第 4 期。David Faure, "Lineage as Cultural Invention", *Modern China*, Vol. 15, No. 1, Jan. 1989, pp. 4 – 36.

③ 刘志伟：《族谱与文化认同——广东族谱中的口述传统》，上海图书馆编《中华谱牒研究》，上海科学技术文献出版社，2000。刘志伟：《附会、传说与历史真实——珠江三角洲族谱中宗族历史的叙事结构及其意义》，王鹤鸣等主编《中国谱牒研究——全国谱牒开发与利用学术研讨会论文集》，上海古籍出版社，1999。

④ 康熙《天柱县志》，第 12 页。

些地方的权利。

木材顺河而下，而国家力量则是沿河而上，沿江村寨更早地同王朝国家相接触，通过纳粮附籍，寻求自身在王朝国家制度下的合法身份。这一过程其实也体现了国家和这些村寨之间的共谋，国家力量扩张的目的，正如平鳌附籍碑所云，"使顺苗得以安生，免外民不致牵害"，进而将"化外之民"变为编户齐民，而这些村寨则需要利用这个机会彰显自己拥有山场的权利。乾隆年间平鳌寨人将其康熙年间纳粮附籍这一事实勒于碑便是此种努力之一。

随着木材贸易逐渐发展，以及与汉文化的进一步接触，通过讲述来自江西吉安府驻守苗疆的卫所的故事，进一步建构正统性的身份以确保自身的权益。新的叙事出现并不意味着旧的历史记忆被涂抹或覆盖，不同历史脉络之下产生的"兄弟祖先"的叙事叠加其中，并以具有时代风格的话语表达在文本之中。

在社会经济结构的变迁之下，遍地杉木的深山变成了金山银山，当在木植贸易中抢占先机并逐渐壮大的沿江村寨把视线从江边延伸到腹地，其与在山中扎棚居住的流动人口的冲突不可避免。散布于山地之间的一些地点亦是沿江村寨族群先祖曾经落脚之处，如前引文斗寨《姜氏族谱》中记载其移居文斗之前"有居中仰，有居羊告，有居里丹，人户寥寥，每处数十家而已"，这也构成其宣示对曾经游耕过的区域具有所有权的一大理由。

岑梧寨有人这样描述："平鳌这些人最早来，他们来得早，指手为界，这些地都成了他们的，我们后来，只好同他们买。"[1] 在岑梧村民陆秀裕所写的《岑梧村志》中，也有类似的叙述：

---

① 访谈自岑梧村民吴美坤先生，2006 年 11 月 20 日。

平鳌，位处高地。居高临下，易守难攻，乃军事要地，所以定而居之。……开发前，方圆几十里的这里，自然是原始旧状。除飞禽走兽所喜爱外，于人际来说，即非你所有和我所有的了。……然而，高瞻远瞩的作为开山祖的智叟吧，其不无深知，人是会发展的……于是，竟于其周围的十至二十里之外，俱先早早下手打桩标明为他所有所管。……分文不花，乃白手起家之大地主。

然而，我后来的远祖双元公，为了坚持根本不变，之所以他和他的后代，不得不与所依附于他的土地之上的兄弟村一样，佃种他的土地，开田或造林，以赡养老小。但不论水稻也好，高山作物也好，林木也好，所有收入，都得交一半给他。甚而至于自己还不到一半的岑梧人，所过的日子，无疑是非常之勉强的。何况于烧炭时，又被抢斧子柴刀，抢炭；牧牛时，被牵牛之故。理由主要为："土地不是你的。"①

这些冲突构成了村民集体记忆中重要的一部分，并在此后每次的山林纠纷中不断被唤醒。但是，在大规模的木植贸易兴起之时，冲突的另一面是村寨之间的相互依存关系。声称拥有大片山场的村寨需要大量劳动力的参与，才能将这些山场的杉木转变为经济利益，同时也需要劳动力投入人工营林才能确保持续收益。这些山中的棚户，以及相继来投奔他们的同乡，则可以分享木材贸易繁荣带来的利益，并伺机扩大其权益。在这样一种双方不断冲突又相互依存的博弈之下，不断确认各自权利的边界，清晰明确的地权观念由此产生。其体现形式便是以契约文书为载体，确定山场和各项权利的界线，规模浩繁的契约文书由此应运而生。

---

① 陆秀裕：《岑梧村志》，手稿。文中省略号为著者所加。

四 从迁徙靡常到居有定向

清水江流域大规模木材贸易的兴起，以及人工营林技术的发展，使外来移民不断涌入，以佃种山场谋生。岑梧寨最初是双元公一家在此扎棚居住，在来自原乡地妙附近村寨人加入后，逐渐发展成具有一定人口规模的小村寨。其后，寨中的人已不再像其先祖迁入岑梧之前那样，将漂泊不定作为生活的常态，长期的定居生活也由此开始。

王朝力量的推进，社会经济结构的变迁，这些在山地间不断迁徙的人面对的不再是同样生存方式的陌生人，而是更为强大的力量，以及这股力量带来的新的生存法则。顺治年间，姜春黎由铜鼓所迁居文斗，在后世眼中，他是"以移风易俗为己任"的汉文化的传播者。[①]相比"移风易俗"，更为重要的是谙熟王朝国家在地方的运作法则，以及如何在这套法则下扩大自身的权利。文斗、平鳌等村寨一方面凭借纳粮附籍获得正统身份，另一方面对大范围的山场宣示权利，并利用契约文书确认这一权利。因此，面对生活在远离江道并曾在此居住的零星聚落中的族群，既需要利用其提供的劳动力伐木搬运、开种山场，同时也需时刻提防其"霸占之心"，要求立下"清白投帖字"：

> 立清白投帖字人龙梅所、陆富宇二姓。为因往外无地安生，立意投到文斗寨界内地名中仰住居。蒙众头公姜祥元、姜现宇、隆宇、姜科明等把我二姓安身，大家相为邻寨兄（弟）。自投坐之后，无论前后左右寸土各系文斗地界，我陆、龙二姓不过借以安居，莫生歹心。如肯出力勤俭挖掘者，得吃

① 王宗勋：《文斗——看得见历史的村寨》，贵州人民出版社，2009，第18页。张应强：《木材之流动——清代清水江下游地区的市场、权力与社会》，第202～203页。

上层之土皮。倘蒙霸占之心，天神鉴察。假使文斗众等不许挖种者，亦天神鉴察。所有管不到之处，任凭中仰打草打柴、过活、挖种取租等情。如兄如弟，大家不使以强欺弱。恐日久人心不古，立此清白投字为照。

代笔　中　陈艾宇

康熙四十三年正月十五日　立①

　　这则"投帖"中的中仰，也是一个三锹人聚居的寨子，其寨名在苗话中被称为"招攘"，有招之即来，挥之即去的意思。对于中仰、九佑等村寨的居民，文斗人曾以"来人"称之，即从外地来此谋食、地位低下的穷苦人。② 中仰的陆氏祖先亦从靖州锹里迁移而来，与岑梧陆氏间有血缘的联系，岑梧寨《陆氏族谱》中记载："明宇一支住地庙，因其无子，过继岑梧华美为子。"明宇兄弟四人，治宇住久殿大谅，海宇生三子，其中运才、国才住中仰。③ 中仰陆氏来此居住，并"开辟现在整个地方"，当与康熙初年便来此的岑梧陆氏有一定关系。康熙四十三年的这份投帖，为最

---

① 王宗勋：《文斗——看得见历史的村寨》，第34～35页。
② 王宗勋：《文斗——看得见历史的村寨》，第35页。
③ "景义公离开兰田，经营生理，到靖州南山寨侧边岭牛形。娶妻龙氏生一子名万吉。待后：天不加年，公死当地。葬在靖州南山寨侧边岭牛形。万吉公继父遗志，娶妻杨氏生二子，名金泉、隆泉。金泉公生四子，名治宇、明宇、海宇、宣宇。治宇一支住久殿大谅，明宇一支住地庙，因其无子，过继岑梧华美为子。海宇公生三子，名运才、国才、贵才。运、国二公住中仰无嗣。贵才住大谅，生三子，名学海、学成、学隆。因住中仰二公无嗣，抚养学海、学成承宗。学海公亦无嗣。学成公娶妻吴氏生二子国仲、国华。学隆公娶妻杨氏生一子国元。宣宇公住排洞，生一子元明。元明生二子，名芝哥、辰哥。我隆泉公迁往黎平县城内东门大街居住。娶妻蒋氏生三子名遂还、遂明、遂宇。公殁后，葬黎平东门外罗团塘甘鞋铺对门蛇形。以后：弟兄三人迁来我中仰地方居住，开辟现在整个地方，山林田土，造福子孙后代。现我中仰以及散居各地族人，都是遂还遂宇二公后人。"《文贵五子景义五房公序》，锦屏县岑梧寨《陆氏族谱》，1999。

078

初来到中仰的龙姓、陆姓与文斗姜姓人订立，用契约的形式确立了双方的关系。文斗姜姓人虽然声称"前后左右寸土各系文斗地界"，但是其中并没有确定四至清晰的山场田土范围，也承认有"管不到之处"，"任凭中仰打草打柴、过活、挖种取租"，为中仰人的生存和发展留下了空间。

此后，随着大规模木植贸易的兴盛，从杉木的种植中持续获益成为可能，中仰的陆、龙二姓也不再像其先祖一样不断迁移，而是继续在此营生。在此期间，不断试探自身生存空间的界限。在立下这份投帖字之后几十年，鉴于"荒山野地"潜在的巨大价值，文斗寨人不断强调"寸土俱是文斗之地界"，并重立"投帖"：

> 立情愿投帖字人陆文美、龙隆卿，湖南人氏，为因祖上移到文斗地方中仰坐住，于乾隆廿一年内，有文斗头人姜文勷、姜文举、姜文学、姜文科、姜弘道、姜起才等称言，尔中仰虽坐住，乃属我文斗上下四房地界，左抵苗馂，右抵婆洞，二比无据，恐日久不法，何以为凭。于是我陆、龙二姓情愿立投帖字，以文斗众头公为执照，蒙众公当立字之日义让，不论邻近地方，敢其挖种地路，倘或用价得买者方为己业，勿俱荒山野地，寸土俱是文斗之地界，陆、龙二姓不得吞谋。假如后脉一带，亦不许进葬。大家不过以为邻寨，必要安身守己，如弟如兄。恐人心不古，立此情愿投帖字存照。
>
> 凭中　曾元相　姜年射香
>
> 代笔　杨文彬
>
> 乾隆二十一年二月十八日　抄白　立①

---

① 《乾隆二十一年二月十八日陆文美等投帖契》，安尊华、潘志成校释《土地契约文书校释》卷1，贵州民族出版社，2016，第6页。

文斗寨人依然主张对"左抵苗馁，右抵婆洞"这一大区域的所有权，但也承认"倘或用价得买者方为己业"。中仰寨人则通过参与木材贸易的资本积累，不断购买田土，进一步奠定了定居于此并不断发展的基础。不过，中仰寨人在此时立下"情愿投帖字"，也许并不完全是迫不得已而为之，也有可能是出于获取合法身份的需要而采取的主动行为。

随着村寨人口的增长以及通过木材贸易获利，中仰等三锹移民村寨的力量不断增强。不断开辟山场的需求与沿江村寨声称拥有大片山场的模糊权利之间产生了矛盾，冲突也不时而起。而在这一过程中，由外来移民建立的寨子也并非完全受制于人。加池寨人控诉遭抗租、殴打的报单便反映了这一情况：

> 具报单，龙里司属家池寨民姜甫臣、甫材、起奉、彩臣、明宇等，为抗租、殴打、劫抢拾物事，情因民等历代以来，各有山场界至，或种茶山，或栽杉木，或□地路，各管各业，各种各境，并无别人争持。无奈中仰陆良海等越界强种民等山场，蓄栽茶油树，民等屡年向山收租，毫无议论。突于本年十月初一日，民等往山收条，遭中仰寨陆良海统领通寨多人围民等在地，乱打行凶，现有形伤可据，并劫抢秧兰、口袋、帽檐等项，尽抢一空，似此不法之人，将来后患无穷矣，只得报明塘爷塘前，恳祈转报以便行止。计开，口袋十个，帽檐三个，秧兰五石。
>
> 乾隆二十三年十月①

乾隆十四年，三锹各寨合款提倡"务须击鼓同响，吹笙共鸣，同舟共济，痛痒相关，一家有事，阖里齐援"，"倘遇外来之侮，

---

① 《姜甫臣等告陆良海等抗租殴打等报单》，张应强、王宗勋编《清水江文书》第1辑（4），广西师范大学出版社，2007，第287页。

阖里应齐心以御，尤对客家与苗人更应合力以抗之"的精神，在中仰寨人此刻的行为中得到了体现。

虽然处于弱势的移民群体会因扩大资源的占有而敢于进行抗争，但村寨之间权力不平等的关系并不会因此而改观。对于不断来此的新移民，往往需要依靠平鳌等村寨，获得正统的身份：

> 立合同字请民住坐，小地名万才潘文达、弟潘文理，为因家贫如洗，无田可耕，固先年到于岑梧，依傍陆宗显锄地生理；又固无地可锄，极力买得平鳌地界土名眼陇，其中有熟田数丘在内，有约可照。业已生根，倘不入甲，恐当干碍，自愿每年帮贴银四钱，以准差役之费，入于平鳌通寨保甲，除大夫大役照依户口普派均当，一切些小差徭俱在五钱之内。自入之后，三年内只算一户，三年外弟兄分居，一户另算一户。异日不得设故堆闪分毫，众等亦不得借故需索。今欲有凭，立此合同贰纸，各执一纸存照。
>
> 代笔　龙文明
> 凭中　江右李祖文
> 乾隆肆拾捌年柒月贰拾肆日　立[1]

岑梧寨中潘姓人的先祖潘文达、潘文理，由靖州锹里的万才寨迁移到此，万才与岑梧、中仰陆姓人先祖曾居住过的靖州地妙同属锹里中锹。康熙初年迁居于此的岑梧陆姓人，通过不断的发展，已经成为招人耕种的山主。潘姓人凭借锹里地缘的联系，依傍岑梧寨陆宗显锄地生理。经过佃种山场积累资本，开始购买田土。"业已生根"之后则担心"倘不入甲，恐当干碍"，因此通

---

① 锦屏县档案局编印《平略镇岑梧村委契约档案复印件之一》，2005，第62页。

过"自愿每年帮贴银四钱，以准差役之费，入于平鳌通寨保甲"这样的方式，亦成为"纳粮附籍"的有籍之徒，获得在此定居的正统身份。

社会经济结构的变迁制造出来的生存机会，使来自锹里的人渐次迁居于此，并落地生根。这些移民同时也顺应新的生存法则，纳粮附籍，确保长期在此生存的权益。乌山寨保存的乾隆三十七年、四十年的红契契尾，承担税银，也体现了合法拥有土地和身份的努力。

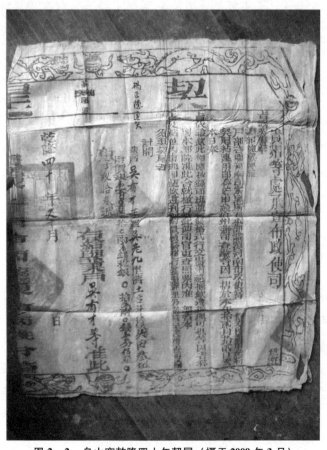

图 2-2　乌山寨乾隆四十年契尾（摄于 2009 年 3 月）

拥有四至清晰、登记在册的土地,并有编户齐民的身份,是从迁徙靡常到开始定居生活的重要标志。在零星的移民从锹里移居清水江下游这一区域之后的 100 来年,三锹人也开始了"土有定址,居有定向"的生活。锹里原乡的地缘的或血缘的联系也使三锹移民声气相通,对来自其他区域的移民"合力以抗之",以巩固自身的生存空间,是故"客民无所图利,有产、无产两者俱少"。因此,从道光年间的官方视角来看,三锹村寨所在的危峰叠嶂与"汉多苗少"的江边明显不同,除有少数棚民之外,是一个由"高坡苗"定居的社会:

> 开泰县属又有苗光里,及天堂、平略等八洞地,苗光则地近清江,今已汉多苗少,八洞则危峰叠嶂,地僻道远,皆系高坡苗所居,客民无所图利,有产、无产两者俱少,仅蓬民数十户而已。[1]

这些绝少进入崇山之中的观察者,以低地的视角,将在山间生活的不同族群都归为一类,并贴上"高坡苗"的标签。山地之中族群的多样性,以及不同村寨族群之间的紧张关系是这些外部观察者难以想象的。

五 他乡是故乡:三锹人的在地化

移民不仅是人口在空间上的移动,其社会组织方式与各种文化认知也随之流动。当三锹人不再将脚下的土地视为不断迁徙以谋求生计的中转站,来自锹里的组织、观念、传说也在新的情景之下落

---

[1] 《黔南职方纪略》卷 6 《黎平府》,《中国方志丛书·华南地方》第 277 号,第 160 页。

地生根并不断再造，塑造出新的地域认同。

在岑梧寨考察时常听人讲述寨里的各种逸事，其中一个故事被陆秀裕写进了《岑梧村杂志》：

> 与启蒙林王同一时期，岑梧也出了一个怪人（大力士）。一天傍晚，他在上坝塘田（苗名，与池塘般深的水和泥土）犁田，在快收工时候，来了两个差人，说是黎平府的派来者。催促之甚，这人说："等我洗下牛，吃过晚饭再走嘛！"要去的原因也不说清楚，只硬性地连连催道，说："走、走、走。"
>
> 尽管催得要命，可看到这人一只手握着牛前脚，一只手握住后脚放在水田里左右摆动洗时，大水牯哩！尚且如此，两个差人就有所心怯了；又见他把约四五斤米的饭也进行三扒两咽吃光后，又忙着把放干日久的楠竹经一握一捏，只听得干竹子一根根哗哗地响。这人本来想把捏碎的干竹子做成火炬以之照明赶夜路去黎平的，可万万料不到两个差人却早就怕得逃之夭夭了！这人一夜不明不白的麻烦事就此烟消雾散了！
>
> 虽然如此，官方认为是平盏寨的龙脉有劲使然的，所以与启蒙的边沙龙脉被斩的同时，岑梧平盏寨的过狭处亦被深深地挖了道沟，以示斩了。①

后来又去了锹里地妙寨，岑梧寨的陆氏先祖曾生活过的寨子，由吴姓、龙姓、陆姓等姓氏构成。寨上的吴宗炎先生为我讲述了一个类似的故事，在吴氏的宗谱中也有记录：

> 吴国岭，外号独圭，清代地妙侗家人，身强力壮，力大过

---

① 陆秀裕：《难以置信的几种传说》，《岑梧村杂志》，手稿。

人。年青时担柴进城卖，仅扁担就有 160 多斤，柴捆需侧着窄面才能进得城门，人们称之为侗家大力士。

　　一次，官方摊派地妙一笔巨款，公差上门催收后，携款外逃。不几日，官方派公差再次上门复收，遭百姓拒绝。当时正轮到国岭当揆手。他一再向公差解释无效，索性赶牛犁田去了。公差到田边施加威胁，大力士告诉公差等他犁完那片田再说。待田犁完后，赶着那刚开教的水牛到江边，双手提着水牛四脚在江中洗了个干净的澡。随后邀请公差回家吃中饭，当时国岭还是尚未娶亲的单身汉，自理炊事，他从柴棚中取来几根手腕大的干楠竹，一节一节轻易地扭断，故意告诉公差："对不起！没有什么招待你，只有扭楠竹当干笋炖吃"。公差见他性格刚烈，力大无比，不再敢在国岭面前耍威风而溜走了。①

　　显然，岑梧寨流传的这则故事是随着族群的流动而传入这里的。考察这两则故事的文本，其有着基本一致的叙事结构。这则故事能成为空间上彼此隔绝的岑梧寨人和地妙寨人历史记忆中的一部分，缘于两地都曾经历地方社会与王朝国家之间的紧张关系。随着王朝力量的扩张，既需要王朝认可以获得权益，同时也希望与其保持一定的距离，这无论是地妙寨人还是岑梧寨人都必须不时面对的问题，大力士吓跑官差这一主题凸显了两地族群在王朝力量推进之下的普遍心态。

　　这两则故事的差异在于对细节的刻画。当然，考察故事中的诸多细节并不符合历史事实。例如，林宽起义早在明朝洪武年间，此时黎平府尚未设立，岑梧的各姓人群在清初才开始陆续迁入。追究

① 《侗家大力士吓走反复收款公差》，远口吴氏地妙宗谱编纂委员会编《远口吴氏地妙宗谱》，2001。

传说故事中细节的历史真实性并非讨论的最终目的，结合乡土特征对故事细节进行改造的过程也是人群在地化的过程。岑梧寨的故事中提到了故事的具体地点上坝塘田，并与这一区域流传的林宽起义后邓子龙斩龙脉的传说相联系，而"岑梧平盏寨的过狭处亦被深深地挖了道沟"的细节也试图解释为何此后再未出现如此孔武有力的人物和强大的力量抗衡。来自他乡的故事在加入这些在地的细节后，成了故乡的传说，塑造了对于吾乡吾民的情感与认同。

与此相似的是三锹歌的传唱。靖州锹里的地理歌中唱道"三十三锹同一里，九坡黄柏同一行"，在锦屏九佑寨的一份歌册中抄录为"三十三锹同一礼，九条黄白同一行"。"三十三锹同一礼"，固然是指清水江下游语言、服饰并不一致的多个村寨中以"三锹"或"三十三锹"自称的人，在婚丧嫁娶等仪式中都遵循同样的礼节。"九条黄白同一行"，抄录者在迟疑片刻后提供的解释是：九条黄金与白银，乃美好之意。在抄录者看来，这是三锹歌中常常用到的比兴手法，并无任何可疑之处。在靖州锹里传唱的歌中，直白地陈述了锹里村寨间以"合款"的方式建立的地域联盟关系。自锹里而来的三锹人，也由"三锹各寨里长约集"，订立规约，反映了原乡的社会组织形式在新的脉络中得以延续，以应付生存中的潜在危机。三锹人沿用了这一固有村寨联盟的机制，将清水江下游崇山之中新发展而来的村寨联合起来，因此，"三十三锹同一里"已经失去了标识原乡村寨间的地域联盟的既有意义，被传唱为"三十三锹同一礼"，而九坡、黄柏则变为了"九条黄白"，再一次展现了三锹人及其文化在地化的过程。

小　结

清雍正年间，黔东南清水江流域被纳入王朝国家的直接统治之下，清水江"两岸翼云承日"的木植得以"转运于江淮之间"，大范围的人工营林因应而生。清水江流域的生态环境与王朝国家力量的进入，合力制造出新的"生态位"，给大量移民提供了生存的契机。

考察三锹人的迁徙历史，三锹人是在不同时期由靖州锹里的各处村寨，尤其是中锹各寨，渐次迁入这一地区。对于早期移民来说，迁徙与游耕是其习以为常的生计方式。随着苗疆的开辟，越来越多的移民迁入，以佃种山场为生，参与到木材贸易的最初环节之中。

开村传说显示，在清初之前某个时期，这里生活的人并没有四至分明的地权观念。王朝力量的深入与典章的传播给区域社会带来了深刻的变迁，促使地权观念逐渐确立。曾被标签为"生苗"的族群成为拥有大量山场土地的"山主"，将土地佃与远道而来的"栽手"，并通过种种与"开辟新疆"的卫所有关的祖先故事为自己正名。

陈其南通过对台湾移民社会的考察发现，"汉人社会越是历史悠久而社会越是稳定，就越倾向于以本地的地缘和宗族关系为社会群体的构成法则；越是不稳定的移民社会或边疆社会，越倾向于以祖籍地缘或移殖性的宗族为人群认同标准"。[①] 在来自靖州锹里的人群迁入清水江流域之初，"三锹人"所指涉的自是有着同一籍贯的人群，这一"籍贯似乎只是一个身份来源的说明"。在早期佃种者多为外来移民的情况下，移民的籍贯成了表明其身份来源的一种重要方式，在清朝早期所签订的山林契约中，可以发现其中大多注明立契人之籍贯。在岑梧的早期契约中，我们也发现其中有"卖与地苗（地妙）陆贵还、陆和宇"，"小地名万才潘文达、弟潘文理"这样指明立契人籍贯的契约，在村落形成之后则一般是用岑梧这一村落名称冠于姓名之前。地妙、万才都是靖州锹里的村寨

---

① 陈其南：《台湾的传统中国社会》（修订版），台北：允晨文化实业股份有限公司，2006，第126页。

名，而当这些村落中的人都来到清水江流域佃种山场时，地域、语言、习俗上的联系使他们之间可能会形成"三锹"的地域认同，进而产生了"三锹人""锹家""锹上人""锹佬"这样的自称或他称。此时"三锹人"所指涉的自是有着同一籍贯的人群，而当这些外来人定居下来并与当地人发生更为深刻的互动，在资源与权利处于不对等的地位时，这一籍贯便被赋予更多的社会文化意义和原生性感情，其维系的历史记忆也有可能被这些移民改造以形成新的"三锹"族群认同。随着国家话语的转变以及地方社会的变迁，这一认同也在不断地被重新塑造乃至遗忘。

第三章　靠山吃山：山林经营与村寨日常

　　岑梧村，一脉入首，接着就是千万条岭，万千条冲。一岭一山，一冲一水，山环水绕，你有情，我有义。斯地，风水先生说："是发地。"

　　吉利的判断，并非不准：从清康熙五十年至今，一公一母，竟发展到七百多人口。小村（苗屋）终于成为一个大村（岑梧）。"有人始有土"，人多而土广，至今田土一起约两万亩。然而，"土沃水美"、"香草肥牛"、农、牧、林，事半而功倍，称之得天独厚，当许无愧。物胜于人之地，是以供岑梧人乐生送死。精神与物质，人春亦春。尽管"寸土寸金"堆成的岑梧村，不错的。正因为"寸土寸金"，宝贵。亦为地灵人杰，骨头硬，才始达到"田之边是林，林之边乃田，寸土无荒"。解放前如此，解放后固然如此。此地并没有什么光怪陆离可欣赏，而是景象敦厚质朴。[①]

书写吾乡吾土，岑梧寨的陆秀裕先生在其中倾注了大量的情感，曾经被称作苗屋的寨子，在他的笔下化作凤凰择梧桐而栖的岑梧。岑者，高山也；岑梧，乃高山上的梧桐。自康熙年间开村立寨，岑梧由一个家庭扎棚居住演变成有上千人口的村落，山间木植广被，田土稠密。这既归因于自清初开辟"新疆"以来社会经济

---

　　① 陆秀裕：《风水先生面前的岑梧》，《岑梧村志》，手稿，2003。

结构的变迁与人口自然增长，也得益于岑梧人世世代代的苦心经营。

随着历史的变迁，岑梧的空间格局不断变化，人群关系亦如是。在开山祖开村立寨之后，人口不断繁衍，族群内部不断裂变，形成规模不一、亲疏各异的房族。自清初开辟"新疆"以来，木植贸易兴起，村寨内部与村寨之间的诸多冲突往往因山场的纠纷而起，并诉诸形式各异的纠纷解决机制。本章首先从岑梧寨出发，对村寨内的空间格局和当下人群关系进行介绍，同时利用各类民间文书对不同时期的山林经营状况和纠纷解决机制进行分析。

一　寨子：三锹人的生活空间

费孝通先生在《江村经济：中国农民的生活》一书中指出："村庄是一个社区……它是一个由各种形式的社会活动组成的群体，具有其特定的名称，而且是一个为人们所公认的事实上的社会单位。"① 在三锹人生活的区域（当然不仅是在这里），人们将其生活的村庄称为"寨子"，寨子有大有小，或单姓或多姓，山场田土环绕四周。寨子不仅是人们生存的物理空间，人们往往赋予其种种象征意义，同时也是人群实践与表达各种社会关系的场域，并构成人群认同的一个基本单位。

在今天，一个行政村由一个大寨子或数个规模不一的寨子组成。岑梧与乌首两个寨子构成了今天的岑梧村，岑梧寨子生活着自称三锹的陆、潘、吴、龙四姓人群，被称为"客家"的黄姓人居住在乌首。在人们的日常交谈中，岑梧自是指岑梧寨，并非岑梧村。乌首寨上的人在向外人介绍自己时，往往称自己是乌首的，而不会说是岑梧的。在村民的认知中，寨子依然是最重要的认同单位

---

① 费孝通：《江村经济：中国农民的生活》，商务印书馆，2003，第 25 页。

之一。

从位于清水江边的锦屏县城出发，溯江而上约 20 公里便是八洋河与清水江交汇之处，再沿着八洋河河边公路前行 10 多公里见一条小溪由山间注入河中，这里有一座石桥，桥边的路碑上赫然刻着"岑梧"两个字，过了桥就算是到了岑梧地界了。桥边仅有两三户人家，沿着公路再前行六七公里，就到了岑梧大寨。在 2005 年上山的碎石公路修好之前，从山脚溪边沿小路走到"大寨"，需要用上一个多小时。新建的公路与之前的小道走向大致相同又不完全重叠。有一次我从寨里出发沿着公路下到山脚，经过毫不起眼的一处地方时，同行的人告诉我，这个地方他们以前是不敢来的。在公路改变了村落的空间格局的同时，空间的象征性意义也发生了变化。

为了出行交通便利，现在不少村民在靠近公路的地方兴建房屋。因此在沿途还会看见数个小聚落，或三五户，或七八户，大多由大寨迁出。所谓"大寨"，是岑梧最大的一个聚落，共有 40 来户人家。大寨背靠后龙山，山背后还有数个小聚落。

如此分散的居住模式，用一个寨子来称呼似乎并不大合适。在中华人民共和国成立之前，整个寨子的人口确是聚居在大寨之中。据村民们回忆，当时整个大寨房屋密密麻麻，底楼光线不足，漆黑一片，如果突然听到"乓"的声音，一定是有外人来访，因不识环境而碰到墙壁或柱头。对于如今分散的居住模式，村民的解释是，大寨太拥挤了，一旦发生火灾将损失惨重，所以解放后就有人家陆续搬出大寨。另一种解释是，包产到户之后，村民们更愿意搬到离自己生产区域近的地方居住，因为这里田土分布零散，从家里走到距离最远的水田有时需要一个多小时。

不论在什么时候，火灾都是这些由全木质建筑连缀在一起的寨子的最大威胁。但为何在 20 世纪 50 年代之后人们才陆续搬出大寨？聚寨而居显然有其重要目的。《三锹人的族属调查报告》中对

图 3-1　岑梧寨（摄于 2006 年夏）

这些分布在深山中的三锹村寨的居住模式也有分析，其中提到："三锹人居住于高山密林，地处偏僻，住房拥挤而狭。一幢三间三层楼的木房，至少住上三户人家。这是为了防止外族之侵袭而聚居，好应付不测之事故。"可见这种居住模式也是为了防御的需要，中华人民共和国成立以后，匪患绝迹，因此陆续有人从大寨搬出。

　　尽管匪患已经消除半个多世纪，但其在岑梧人的心中依然留有很深的记忆，在访谈中可以听到许多关于土匪的故事。有老人讲，他母亲从街上赶场回来，买了半斤盐都被土匪抢去。更为严重的威胁是，寨子受到土匪的武装袭击，行绑架勒索之事。当地人将绑架称为"吊羊"，在岑梧先后有 7 人被土匪吊羊。村民最为津津乐道的一个故事是：有一次土匪到村里来，人们都躲了起来，只抓得一老一少，即陆春祺老人和陆胜银之子。春祺公当时已年逾花甲，熟读《三国演义》和《水浒传》，擅讲故事，他对看守他的土匪绘声绘色地讲了一天一夜的故事后，趁土匪疲倦昏睡之际逃离匪寨。后者则没有那么幸运，我们在岑梧发现了这样一张契约："立卖田字人陆胜银，今因孩儿被匪吊去，缺少赎钱，无处设法，自愿将到地……一块出卖……民国廿五年七月初五立。"凡被吊羊者，其家人需出巨额资财赎回，"保人保不了业"，这给村民的正常生活带来了严重的威胁。

面对匪患时，村民也并非束手无策。这些策略体现在防御、战斗及善后各个方面。大寨周围被一道"软墙"围绕，并设有东、南、北三个寨门，夜间关闭寨门。所谓软墙，是由种植的海棠树和一些荆棘植物建成，高达 2 米，宽达 3 米，并在底部放置竹制倒刺，由是起到了阻拦匪徒的作用。寨中较高处还安放有一棵假树，如发现匪徒侵犯，便放倒假树，提醒村民做好抗击准备，能打则打，不能打则可以藏起来。这类村寨的防御措施，在其他村寨中也能看到，如平鳌寨尚有残存的石砌围墙，石墙大门旁供射击用的枪眼亦依稀可辨。

土匪来源复杂，既有从外地窜入者，也有部分来自周边村寨。当每次谈及民国时期的匪患问题时，岑梧村民总是颇为自豪地讲："我们岑梧从不出土匪。"言语中透露着对出过土匪的村寨的鄙视，以及对自己村寨强烈的认同感。1982 年岑梧陆氏九家公后代重修其墓，陆秀锦在碑记上写道："四邻虽有个别村寨聚众匪徒纵乱，而我祖之后嗣无一跟踪，极为显示家祖后裔赋性纯良。"土匪的猖獗给村落生活带来了诸多的不确定性，但村落的认同由此也得以加强。

岑梧大寨旁有一块地叫芦笙坪，据说是以前吹芦笙、踩歌堂的地方。与芦笙坪一同消失的还有村中的南岳庙。1958 年的时候，庙中神像被拆掉，将庙宇作为烤谷子的地方，其后不久，庙也被拆了。现在村中的人们已经记不起庙中曾供奉过什么神灵，而记载当年重修该庙的碑刻也被废弃在路边，这块民国庚申年（1920）的碑刻上记载了当时村中陆、吴、潘、龙、蒋各姓共 50 人的捐款明细。庙宇的兴废反映了社会某一层面的变迁，但弥漫在日常生活中的种种信仰与仪式一直延续至今。

寨子是日常生活的空间，村寨周边的田土则是村民生存的基础。"地无三尺平，天无三日晴"常常被用来形容贵州的丘陵地形和阴雨天气，岑梧也不例外。当地人把丘陵的隆起部分称为岭，岭间的谷地或山沟称为冲。因此，虽然整个岑梧村面积约有9平方公里，但耕地面积不多，其中田为20.2公顷，土为10.3公顷，而林地面积则达到了768.6公顷。① 岑梧村民世代以种植杉木、水稻、烟草等为生。清水江流域潮湿的气候和土壤极利于杉木等木材的生长，兼得江河之利，自清初以来便成为重要的木材输出地。杉木的种植不仅使最初到来的人们定居下来，繁衍生息，也造就了一时的富庶。种植杉木的山场同时也成了几百年来村民之间、村落之间诸多纷争的源头。

最初的拓荒者到来时，他们不仅开垦山场种植杉木，也在谷地和有水源的山间开辟田地。在"农业学大寨"时期，更是投入大量精力开辟梯田，稻作的种植滋养了更多的人口。水稻在人们的生活中的作用并不亚于杉木。从种植杉木到收获往往需要20多年的时间，水稻则每年一季。稻谷不仅解决了每日餐饭，也是村民们用来制作油茶、酿造米酒的原料。

叶烟是让岑梧人感到自豪的一种作物。据称，这里种出的叶烟"油而不腻、燥而不焦、润而不潮、干而不皱、卷而不连"，② 解放前曾远销至湖南和广西，并留下了岑梧人今天津津乐道的"以烟投宿"的故事。然而，随着封山育林政策的施行，杉木种植不再是经济的支柱，烟叶种植也逐渐式微。年轻人不再甘心山中的寂寞，多去城市里工作，和中西部农村很多地区一样，留守这片土地的黄发垂髫居多。

---

① 据2005年《平略镇各村基本情况表》。
② 陆秀裕：《岑梧村志》，手稿。

二 村寨中的时间节律

以山场和稻田为生活依托的岑梧人，其一年中的活动与农事息息相关。和最初来此佃种山场的祖先不同的是，种植水稻现在成为一年生产活动的中心。村民农事生活的安排以农历节气为基础。

正月 正月是一年的开始，最初的几天是过年和走亲戚的时间，一般到正月十五以后才开始下地干活。当地有"一月栽木，二月栽竹"的农谚，所以通常在这个时节栽下树苗。如果有好的天气也会到山里砍柴烧炭，以备冬日御寒之需。

二月、三月 犁田、耙田、修整田埂是这一段时间中的主要工作，在做这些事情的同时，也不忘花一些心思去管理森林。

四月、五月 在收割完头一年种下的油菜后，开始种下叶烟、苞谷、红苕和一些蔬菜；插秧也是在这个时候，由于现在年轻人多在外地打工，家中剩下的劳动力很少，再加上村民的田土都很分散，一些离家较远的田地往往要步行一个多小时才能到达，因此这段时间成了最繁忙的时期之一。

六月、七月 到了七月，人们便去地里收获成熟的苞谷；这个时候也是叶烟最佳的收割时期，收割来的叶烟用藤条编在一起，晾晒在木楼前；除此之外，便是上山砍柴。

八月 稻谷在这个时候已经成熟，和插秧一样，这段时间相当繁忙，往往要一连忙活半个多月。

九月 收获红苕。

十月 种油菜，伐薪烧炭。

十一月、十二月 种洋芋，伐薪烧炭。

上面是一年中按农历月份大致要完成的生产活动，而有的活动则是贯穿全年，如砍柴、割草喂养牛马等。虽然这里的牛的"社会地位"并不如附近的一些苗寨中的牛，但畜力在农耕中有重要作用，因此村民每天一大早就起床去割草喂牛。在割完草回家之后，通常会熬上一锅热腾腾的"油茶"。到中午 12 点左右是第一顿正餐，以米饭为主，辅以时蔬或腌制的辣椒、蔬菜、田鱼，口味偏重酸辣。村里一日两餐，皆以米饭为主食，亦喜食糯米；男性好饮酒，用大米自家酿造。

一年之中的各种节庆使耕作生活显得并不那么单调。在岑梧的节庆中没有"七月半"和中秋节，他们认为三锹人不过这两个节。除尝新节等一些节日在具体时间上与周围村寨有所不同，其他一些节庆并无太大差异。

正月 新年、元宵节 新年是走亲访友的时候，岑梧村的一位老人告诉笔者，以前初一至十五有"玩龙灯"的习惯，现在已经十多年没有这个活动了。在岑梧，如果有人染疾在身或遭遇不顺往往会请先生来算其八字命理，而这些命理先生则会提出一些破解方法，如修桥，安置指路碑，在路边搭设供人休息的板凳等。在新年期间，家里人除了拜祭祖先外，也会去这些桥、碑等物前焚香烧纸。

二月十九日 观音诞 每年农历的二月十九日是吃"观音斋"的日子，以纪念观音诞。在吃观音斋的前一天晚上，熬制茶水洗去餐具上的油污，并准备豆腐等食品。另，村口有"观音井"一口，据说井水有治疗眼疾之功效，常有人前往取水洗眼。井边曾建有一小庙，"文革"时被毁，碑仍在。在这一天，村中有妇女去观音井处烧香。后来，观音井被山洪冲毁，今年则在原址新建了凉亭，并安放观音塑像，周边不同族群的村寨亦参与其事。

三月初三 在农历三月初三这一天，当地有食用甜藤粑的习俗。甜藤粑是将从山上采回来的一种特殊的植物根茎捣烂之后，加入水、糯米等制成。对于这一节日的来历，村民们并不清楚。

四月初八 当地传统在四月初八这一天要吃乌米饭。将一种当地特有的树叶捣碎后拌米做成，米饭乌黑发亮，有香味。而关于这一习俗的来历与周围苗寨的传说相似。据说以前有个男子被关入监狱，每次家人送去的饭菜都被狱卒吃掉，后来家人将米饭用植物染成黑色，狱卒担心有毒，狱中男子才得以食用。

五月初五 这天为端阳节，当地有食用粽粑的习惯。

六月十九日 观音诞

六月 尝新节 岑梧的尝新节时间为六月入伏逢卯。笔者恰好在田野调查期间赶上了这一天。这天早上从田里采摘了数枝稻心（水稻的稻穗及其下面的梗），3枝放置在家中神龛之前，并在神龛前和堂屋前焚香烧纸。饭桌上也摆放着3枝稻心，吃饭前先向东方吃上一口稻心，再开饭。

九月初九 重阳节 在岑梧，重阳节是较为隆重的一个节日，因为此时秋收刚刚结束。房族团聚，杀猪打粑。

九月十九日 观音诞

十二月 除了除夕，从十月到年底没有其他节庆。岑梧的陆姓人会在腊月二十八日这一天过小年，因陆氏先祖犯下命案而于该日提前过年逃奔四方。在过年期间，同一房族中的家庭轮流置办伙食供该房族成员聚餐。

如今这些节庆中，并没有特别的公共活动，就连岑梧人认为是"比较隆重"的重阳节也只不过是用糯米做粑，并添置荤菜聚餐而已。村中一位老人告诉笔者，前些日子他曾打算组织村中年轻人过年时玩龙灯，而"小伙子都没有兴趣"。解放前，每年的三月前后竹笋出土期间，村里会请道士敬天地，三天三夜，而现在"有几十年没有搞了，群众觉悟了"。①

三 村寨中的人群关系

在佃种杉山的过程中，外来移民并不容易获取进入寨中居住的

---

① 访谈自岑梧寨陆秀裕，2006 年 7 月 13 日。

权利。张应强在清水江流域的考察发现，"几乎所有沿江而上到文斗一带来种山栽杉的外籍民人，都不能进入文斗寨居住，也不能随意在山场起屋，而只能是在地主指定的一些地方居住"。① 很多寨子便是由这些佃种山场扎棚居住的人的小聚落发展而来，如在上一章中讨论过的中仰寨。在移民人群中，也往往凭借地缘或血缘的联系，后来移民加入早期移民已经建立的村寨中，如岑梧寨潘氏最初到此乃"依傍陆宗显锄地为生"，而乌山寨的杨氏与吴氏皆由锹里地笋寨迁徙而来。

随着村寨规模的扩大，村寨周边的自然资源难以支撑不断增长的人口，寨子中的部分人分化出去另立新寨。据董翁寨一位潘姓访谈者描述，董翁潘姓人最初由湖南靖州之菜地湾迁至俾嗟，后由俾嗟迁至董翁，迄今已繁衍至第九代。在民国时期，岑梧寨中亦有数户变卖田产，搬至洋武坪居住，因洋武坪田土更便宜。

每个寨子中都有被称为"寨老"的人物，在笔者进行田野调查的村落中，寨老往往是由年纪较长、德高望重、办事公道的人担任，负责调处纠纷或处理寨中的公共事务。俾嗟寨乾隆十四年三锹各寨约集制定规约的碑刻提到"三锹各寨里长"，道光年间《三锹重议婚礼碑记》稿文的后面提及"各寨头人"，他们都在村寨的公共生活中发挥着重要的作用。在今天的村落生活中，寨老的地位和权威与传统时期有着极大的差别。

村寨中的贫富差异自开村立寨以来便一直存在，村寨中的一些富有的家庭或家族在公共事务方面往往承担更多的责任。民国时期，寨中富有者皆置办有步枪，也可以从当时的区公所借来武器。以寨中"四大户"为首的富户捐出数十石田作为"防田"，以奖励

---

① 张应强：《木材之流动——清代清水江下游地区的市场、权力与社会》，第250页。

战斗有功者或抚恤受伤人员。在一次冲突中，一人被炮震死，另一人打死一名匪徒，各获得田十石，其余防田后被变卖，作为修建学校的公共资金。防范土匪的需求使村落内部各方的力量得以整合，像修建防御工事这些活动往往需要全寨的参与。另外，匪徒主要的目标是村落中的富户，因而为了动员全寨的力量，富户须捐献防田作为回报，承担相应的负担。

三锹寨子中有不同姓氏的人共同生活，如岑梧、乌山、俾嗟、岑岊等都为主姓村，即村落由几个主要的姓氏构成，这几姓人口相当或其中某姓人口较多。岑梧共有陆、吴、潘、龙四姓，以陆姓生齿最繁；乌山为吴、杨二姓，吴姓人口较多；俾嗟则为吴、潘、张三姓共居，其中张姓人口较少。岑梧寨中陆、潘、吴三姓皆由湖南靖县迁居至此，龙姓则称由同属锦屏县的亮司一地迁至岑梧。村中人皆认为龙姓晚于其他三姓迁入岑梧，对于现在村中的龙姓人家是不是"三锹人"也存在不同的看法。在对龙姓家庭访谈的时候，当提起"三锹人"这一话题时，访谈对象都会以"我们三锹"自称，为笔者讲述"三锹人"与苗族、侗族的文化差异。其中一位龙姓访谈对象的妻子告诉笔者，三锹都只与本三锹结亲，她本人就来自美蒙①，婚礼也是按照三锹礼节操办。其他姓氏的一些访谈对象则认为，龙姓人不是从靖州那里来的，他们是苗族，不是"根本三锹"；而一位陆姓老人告诉笔者，龙姓是后来的，但是他们入乡随俗，都"随了三锹礼节"，所以也变成了"三锹"。虽然并非从靖州锹里迁出，但在进入村寨之后，都随了三锹礼节，这也反映出山地人群认同的灵活性。在村民的日常生活中，现时的经济利益和权力斗争主导了村寨内人群之间的关系，对于这种某姓人家是不是"三锹人"这个问题，似乎因笔者这个"研究三锹的"在场，才会成为暂时讨论的问题。20世纪50年代之前，村内尚有两户蒋

---

① 美蒙位于锦屏县河口乡，与岑梧同为三锹村落。

姓人家居住，后迁往他乡。两户蒋姓人家的祖辈何时迁入岑梧，现已无法得知。至于迁走他乡的原因，一说为蒋姓家人自觉人丁稀薄，风水于己不利；另有人解释为蒋姓在此势单力薄，受人欺侮却无人替其主持公道，而选择出走。

在岑梧寨，一般认为陆、潘、吴三姓是现在村落四大姓氏中最先来到岑梧的，其中陆姓最先来此，潘、吴两姓其次。在对一位潘姓老人访谈时，他这样讲道："潘家、吴家都先来，陆家后来，龙家最后，其实潘家先前比陆家富有，后来出了个人抽鸦片，把田土都卖光了。潘家好些也都迁出去了，到洋武坪买地。以前受他们陆家欺负嘛，为山林、土地这些。"至于以前陆家如何"欺负"潘家，在访谈中并没有得到具体的事例。在岑梧流传着关于陆、潘两姓人共修水井的一个故事：在陆姓和潘姓共同出资修造的水井完工之时，工匠问这井水够吃不，陆家人回答说不够用，潘家人则回答说够用了，而后来陆家人丁日繁，潘家则不如陆家。从中我们可以看到不同姓氏人群为修建公共工程而进行的合作，但也反映出村寨中不同姓氏间存在着张力。在就村寨中人群之间的关系这一问题进行访谈时，有人则称："（矛盾）多少有点，比如说选举的时候，他们人多，选的也是他们姓的多。"民国时期在岑梧寨中仅剩下两户的蒋姓人家搬出岑梧，也在一定程度上反映了村落内部不同姓氏人群之间的冲突关系。

寨子中同一姓氏人群内部也分化出不同规模的继嗣群体，"家族"与"房族"是其中最为重要的范畴。同样以岑梧寨子为例，龙、潘、吴三姓因人口较少，同一姓氏的人以同一"家族"相称，并集体进行祭祀活动；而陆姓人口较多，再以"房族"细分。房族的划分并没有统一的标准，同一房族的人都是一个共同的男性祖先的后代，这个男性祖先可以是"公"（对祖父的称呼），也可以是"太"（对曾祖父的称呼），甚至是辈分更高的男性祖先。现时一同参与节庆或仪式活动的房族总是被维持在一定的范围之内，同

图 3 - 2　挂社之后的野外聚餐（摄于 2009 年 3 月，俾嗟寨）

说明：春季房族成员去墓地祭祀祖先的活动，被当地人称为"挂社"，
亦被写作"春赦"。

一房族所追溯的世代与男性共祖的后代人口多寡有关。一般是追溯
到同一个"太"，有的房族则追溯得更远。岑梧的陆氏家族将不同
辈分的几位男性祖先分别称为"九家公""七家公""六家公"
"五家公"，意即这位男性祖先共有多少个孙子，后来分为几家，
而这几位"公"的后代有时亦自称同一房族。

　　同一房族的人群在山林经营方面的合作会更加紧密，继承自同
一祖先的山场田土等财产在后代之间层层分配或转卖，形成了相当
复杂的产权关系，大量的山场分山合同反映了这一点：

　　　　立分山合同字人，本族先祖国奇、相才二人于乾隆五十三
　　年买得平盏寨之山，界至尚有老契。但其山以为拾股，二人得
　　买一股，此一股分为二股，国奇之后占一股；其有相才之股乃
　　系乳名，今不知那支公之祖，未敢冒领，今吾三公之后，以为

101

三股同均管业,以后不得异言。今幸有凭,立有合同三纸,每公承一纸存照为据。

胜银手存一纸,胜根手存一纸,胜能手存一纸。

外批:老契存胜河手。代笔陆胜根。

民国廿九年十二月初七日立①

从这张分山合同中我们可以看到,在乾隆五十三年(1788),国奇、相才二人共同买得某山场的十分之一股份,二人均分。到1940年对股份再次进行分割之时,因相才之名在族谱中不能确认,于是将其股份分为三份,由三公之后分管。此三公是国奇祖父盛宇之子,盛宇生有五子,因其中二子无后嗣,故称"三公"。

随着1949年之后山场权属关系的改变,今天的房族成员之间的关系已经大为改变,同一房族的家庭之间的合作主要体现在婚丧嫁娶、祭祀祖先、节庆聚餐等活动之中。笔者在岑梧寨子进行田野调查期间恰遇村中一位老人去世,死者的兄弟及其兄弟的后代都参加了这场为期三天的葬礼。这些参加葬礼的人都认为他们属于同一个房族,理应参加。

房族由不同数量的家庭构成,若一个家庭中有多个男子,在成家之后便面临析分家产的问题,因此家庭内部潜在分裂的因素。在俾嗟寨子的一份鸣神禀稿中我们看到,兄弟间因财产的纠纷请中理讲无效,捞油神判不成,便诉之于神灵案前:

具诉词禀,今据大清国贵州黎平府所属隆里司移居小地名俾嗟寨信士吴应鸿、应寿、应喜弟兄,情因父亲先年贸意木植生理之事,又得□□典价银两,又还帐项,一概不计其数,今被长兄吴应财吃去用费等项,不恁估罢京吞,烦想忘恩反座,

---

① 岑梧寨陆秀崇先生所藏契约。

□意忘情。我弟兄帮他夫妻搬大男女，毛干翘硬，不念当初帮抚养之恩。今父亲所得之银两多少，我弟兄连不得看见，一概交付长兄应才之手用费，又不开那皮帐务。家父吃用角有田粮，日用我想吃穿不到自此银两，合算毛毛打点，要为二百余两，算不出帐来，必是应才用完，不然他夫妻私芳银毛算有一百余两，重何处得来做取，自大你应才说谓有支晤。我等四弟兄做生意的银钱，只要当佛主台前斩得一幅牲，捞得一锅，我三人心月服，若是你兄怕捞，定是大众上的银做取的私芳。今我等三人不能冤往你，你各自心知明，莫拿家父老人偕过，烦想发达，若不取心的，长发其祥，取心不良，天理昭彰。请中□次劝解不下，无奈偕佛到门口又翻悔，反复又不肯，上天自一到，东扯西底，中等又拿放散生死将父亲来底，倘我三人似此光天化日，把父王无法无天，只得叩仰佛主慈悲，凭天理决断，顶祝鸿恩，沾恩不朽。①

　　村落内部不同家族的人之间也通过婚姻等其他媒介联系起来。"三锹人"所奉行的"近拒远交"的婚姻法则拒绝了与近邻村寨的非三锹人通婚，除了与其他三锹寨子通婚外，村落内部不同姓氏之间也存在大量通婚现象。同一姓氏间亦有通婚的情况存在，黎平岑迠寨子潘家有200多户，一支来自锹里万才，称潘万才，另一支来自锹里堂保，称潘堂保，潘万才与潘堂保之间也通婚。除通婚之外，不同姓氏也通过其他关系联系在一起。笔者在对一位吴姓老人进行访谈时，恰遇一位龙姓老人因前一晚醉酒而留宿他家，他们告诉笔者，他们年轻时经常一起去"玩山"，到现在也还保持着密切的关系。这位吴姓访谈对象平日常与另外两人上山捕捉野禽，他们之间也结成了深厚的友谊关系。这种友谊关系不仅体现在平时的交

① 俾嗟寨吴展杰先生所藏文书。

103

往之中，在农忙时刻也相互帮工，同时在经济方面也有互助行为。这种建立在日常感情之上的社会纽带有时比同一房族家庭之间的关系更紧密。

村寨内部某姓人因势单力薄而迁出，兄弟之间因财产析分而出现纠纷，足见村落内部的关系并不全是温情脉脉的交往与互助。这不单反映在口传与文书中，在寨子中的生活更直接地感受到当下村落内部人群之间的冲突与矛盾。

笔者在某个寨子进行田野调查时，无意中发现一份该村村主任为评选优秀干部而向上级政府部门报送的材料，其中一项功绩是其上任之后缓解了村落内部两派之间一触即发的矛盾。对于寨子内存在的两派间的矛盾，笔者在赴田野之前已有所耳闻，时任县地方志办公室的王主任为笔者讲述了他第一次去该村收集契约时的尴尬遭遇。他到寨子里首先拜访的是一位卸任多年的原村支书，而后他去寻访村主任时，虽然村主任就在人群中间，但大家都没有告诉他村主任在哪里。后来，这位村主任告诉笔者，之所以当时不理会这位县城来的王主任，是因为他先去了那位支书的家。笔者在村落之中生活期间，对此感受尤为深刻。第一次类似经历是笔者在进入田野后不久，当时对村中的人情世故尚不谙熟，一次坐车去县城，旁边的一位中年男性恰好也来自该村，这名男子在与笔者的闲谈中得知笔者是来此"研究三锹人"之后，便问笔者都去了谁的家。当笔者如实讲出自己访谈过的对象时，他颇生气地说，他们这些人都知道什么，他父亲做过几十年的村干部，对所有情况都了解等等。笔者此时才明白他就是那位卸任支书的儿子。笔者在村里住在村主任的家中，刚进入田野时的访谈对象都是村主任"安排"的，他告诉笔者这位支书懂得的东西并不多，因此迟迟没有去访谈这位支书。

当然，这里提到的这两派之间的矛盾并不仅存在于村里的卸任干部与现任干部之间，村里人几乎都或多或少牵涉其中。随着田野调查的深入，笔者得以进一步了解村落中这两方之间的矛盾。现时寨子内部矛盾的根源在于村集体时期木材权益的分配。一些村民认为，某位村干部利用其职权安插亲属担任村委职务，并把持当时的村林场，多数村民并没有获得出售林木所带来的利益；而另一方则认为，这是一些村民受人唆使煽动闹事、破坏团结等等。双方之间曾发生数次冲突，这些冲突造成的隔阂一直持续到今天。使这一矛盾更为复杂的是，站在同一阵线的人群之间亦存芥蒂，如两位干部虽多有合作，但也互相抱怨，一方认为对方优柔寡断，什么事情都解决不了，另一方则责备其鲁莽行事，且并没有真正为村里着想。

笔者发现，在有分歧的"两派"中，双方的几位核心人物都可以追溯到该村开山祖之孙这一共同的祖先，分属于一个大房族中分化的小房族，并在 20 世纪 80 年代一起主持重修了这位祖先之墓。但其中一位核心人物告诉笔者，他的房族和不属于该大房族的另一个房族更亲密。由是可见，因经济利益或权力的竞争而造成的村落内部人群之间的区分和隔阂与房族等建立在血缘或拟制血缘关系之上的继嗣群体的界限并不完全重合，更与"三锹人"与否的辨别无关。

村落内部人群间的纠纷往往与资源的分配有关，除关于集体林场的争执之外，笔者在陆秀裕所写的《岑梧村志》中亦发现，村民因为水源的利用亦发生过争执。稻作是村民生活的支柱，在封山育林之后尤其如此，但由于岑梧水源较为充足，因此对于水源的争执只有在少数干旱的时期才会出现。

如果一个寨子的规模不够大，通常会与其他寨子共同组成一个行政村，这些寨子在空间上彼此有一定的距离，相较于整个行政村，村民往往更认同自己的寨子。行政村内的寨子之间，也时常因关系到整个行政村的公共项目或利益而出现纠纷。在笔者进行田野调查期间，一个村子正在修筑进村的公路，村内两个寨子之间围绕这一工程产生了新的矛盾。这两个寨子相距三四公里,其中寨子 A 当时仅 20 来户人,在 20 世纪 60 年代由另一村划归现在行政村。笔者在这个小寨子做田野调查时,便有访谈对象向笔者抱怨,由于村干部都是由另一个大寨子 B 寨的人出任,在修路经费的安排和占用土地的补偿上面实行不同的标准,损害了他们的利益。村落生活中人际关系的复杂程度也远超我们的想象,当寨子 A 的两人因修路的问题而向笔者表达对寨子 B 的愤慨时,正好 B 寨有人打来电话商讨如何与该村的村委会周旋。

四 山林经营的兴起与发展

三锹人由靖州锹里迁入之后,在木材贸易兴起的背景之下,种山卖杉成为主要的收入来源。这里以黎平县乌山寨为个案考察对象,通过寨中吴氏家族保存的较为系统的契约文书、诉讼词稿等民间文献,考察该寨吴氏家族的早期发展历程,分析其中的财产积累与析割、山林纠纷的解决机制。

乌山寨属黎平县大稼乡,一度交通不便,2009 年方有公路修至村中。在以种植木材为生的时期,砍伐的木材通过架厢的方式搬运至平信,在此放排入乌下江,再经由河口入清水江水道。寨中有吴、杨、龙三姓,人口以吴姓居多。据称,杨姓先祖先于吴姓由湖南靖州三锹乡地笋寨迁入此地。在附近村寨乡民的回忆中,乌山寨从未遭遇火灾,这使契约文书等民间文献有可能得以较好地保存。笔者有幸在寨中见识吴氏家族所保存的部分契约文书、诉讼词稿等民间文书。在这批文献中,有康熙四十三年契约一份,这是目前在三锹村寨中见到的时间最早的契约文书。另有雍正八年(1730)契约文书一份,从纸张和字迹判断应为后来重新抄录。直到乾隆朝以后,各类文书的类型与数量方才逐渐丰富起来,这也与清水江流域的开发过程相吻合。

吴氏迁入乌山的具体时间已经不可考，村民所存留的一份时间不详的《吴氏谱根》为我们提供了些许线索：

> 谱根
>
> 尚与公由湖南地笋寨来到乌山等处居住，尚与父亲名绍波。
>
> 一世
>
> 尚与公，娶潘氏，子一，名德全。
>
> 二世
>
> 德全公，娶潘氏，子二，长子有才，次子富才，富才不当家。
>
> 三世
>
> 有才公，娶潘氏，子三，前娘子学仲，后娘子学程、学盛，孝盛不当家。
>
> 四世
>
> 长房学仲公，娶潘氏，长子成思，次子成寿。
>
> 五世
>
> 长房成思公，子二，文安、文周；二房成寿，子四，文华长、文光次、文吉三、文辉四不当家，妹子嫁本寨杨光兴。
>
> 四世分枝　二房学程、学盛公，子二，长子世珍，次子世祥。世珍公，子一，文通；世祥公子三，文开长、文昌次、文明三。

该谱根书写在一张宽约 30 厘米、长 1 米有余的纸张上，以横线分隔出一世至十一世，但写到第七世便没有继续。除提到第五世成寿公之女，以及嫁入吴氏家族的潘姓女性外，谱根所载均为家族男性成员。从这份简短的谱根中我们可以看到，从吴氏第三世开始人丁愈繁；结合分家文书也可以看出，其家族的裂变也由此开始。

其中也提到，吴姓先祖来自湖南锹里之地笋寨，与寨中杨姓先祖一样。多个三锹寨子的先祖都由黄柏、地笋、地妙、万才、菜地湾等中锹村寨迁出，不难想象，乌山吴、杨二姓迁入此地开垦山场，地域的联系在背后起到了重要的作用。

由上引谱根中"尚与公由湖南地笋寨来到乌山等处居住"等情推断，今乌山寨吴氏先祖在迁入乌山定居之前，尚在其他地方辗转，或许以在山间游耕为生计方式。时间最早的一份文契中记录了吴相宇即谱根中所载之尚与公向吴告良买得山场：

> 立断卖杉山坡地蜡树约人吴告良，为因缺少用度无出，情愿将□分祖业杉山蜡树坡地壹副，今凭中出断卖与乌山寨吴相宇为业。当议断价作禾六秤，每秤六十斤，亲手领回。其山自断之后，恁从吴处永远管业，不与弟兄、房族、寨内人等相干。一断百了，永无异言，恐后无凭，立此断约存照。
>
> 凭中吴化钦禾乙手。
>
> 计开四至，上平岭路，下平□冲，左平小岭，右平小冲。
>
> 代笔杨起庐禾乙手。
>
> 康熙四十三年二月十三日立[①]

清水江流域文书大量出现在雍正朝之后，[②] 康熙、雍正二朝虽有零星文书出现，但是文书的程式和内容大多显得不够规范。在岑梧寨中，也存有数份康熙年间的契约文书，记录了康熙五十四年来其开山祖向康熙三十五年便"纳粮附籍"的苗馁寨购买山场之事，这数份文书自50年代以来一直保存在村委会，被视为整个村落土

---

① 本节中所引之契约、诉状等民间文书除特别注明外，皆为乌山寨吴氏家族所藏。

② 王宗勋、张应强：《贵州省锦屏县民间山林契约简介》，《华南研究资料中心通讯》第24期，2004年7月。

地山林来源的象征。其中不乏"其山芳平冲乂恁凭陆处管业，日后不得翻悔，如有翻悔，罚生金一两、龙角一双，上凭天理，下凭地神，今欲有凭，立此断卖契，永远子孙存照"，"如有那人番悔者，其罚生金一两、白水牛一双付官公用，衣旧成交"这样的书写。① 这类针对违约的惩罚性措施鲜见于后世契文，其中提及的物品都难以寻觅或格外珍贵，加之卖方反复"找价"，这组契约成为岑梧人筚路蓝缕、备受欺凌的开村历史记忆中的一部分。当然，也可以理解为岑梧人为了防止卖方反悔，而主动提出将这些物品作为违约惩罚，从而确保其利益。

乌山寨的这份契约由代笔书写，且有中人做证，交易的土地四至分明，其形式也具备契约文书的各项要素。此处的代笔杨起庐，雍正八年契约代笔杨起楼，以及乾隆三十年（1765）契约代笔杨正华的来历和身份，我们已无法得知。另一份乾隆四十七年（1782）契约中，罗里杨华南将杉山股份出卖与乌山，该契约由其亲笔。据此线索，我们或许可以猜测，早期契约的书写可能与罗里的杨姓土司人群有关。

这份契约明确地告诉我们，乌山寨吴姓始祖一世尚与公，来乌山定居的时间当在康熙四十三年之前。此时虽距雍正朝开辟"新疆"尚有20年光景，但从上一章中我们得知，在这一时期清水江边文斗、平鳌、瑶光、苗馁等村寨业已"纳粮附籍"。对地方社会出现的这些变化，乌山寨的吴姓人不可能置身事外。迨至乌山吴氏第三世时，已经开始与同为三锹村寨的小苗光吴姓人共同购买山场：

立断卖山坡约人苗举寨龙甫依，为因家下缺少，自愿祖业

① 王宗勋：《从清水江文书看清代清水江中下游外来移民"入住权"的取得——岑梧"镇寨"文书解读》，《贵州大学学报》（社会科学版）2016年第2期。在此文中，王宗勋对岑梧寨的这组契约文书进行了详细解读，并提出一些尚待解决的疑问。

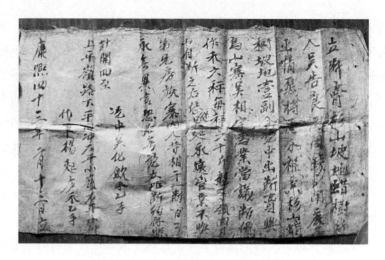

图 3-3　乌山寨康熙四十三年契约

山坡一所，坐落地名定包，上平田水勾，下平溪，左平勾头冲，右走路山岭，凭中出卖与乌山、小苗光吴文明、有才、富才、得先、才美名下得买。议定银八两，亲手收回应用。恐后无凭，立此断字是实。

　　凡有约，在□堂的手保官。

　　凭中　龙银包、吴翻化

　　代笔　杨起楼

　　雍正八年五月十二日

　　第三世与小苗光吴姓人的合作经营在代际中延续下去，一份乌山吴氏第五世吴成思与小苗光吴姓人的分单合同反映了这一情况：

　　记开单为定包之木吃打□：

　　成思

　　米二十六件，盐四两

酒四十二件

士贞三十五件，盐半斤

用肉四两银

吃用各食五两，余存七百□十两

召扣

每股七十九两

每钱占落七钱九十

一股三百九十四两五钱

一两山占落七十九两

一钱山占落七两八钱八十

一分山占落七钱八十八厘

小苗光一两七钱五分之山占落银一百三十七两九钱

从上面这两份契约文书中我们可以看出，在雍正八年乌山、小苗光两个三锹村寨中的吴姓人用银 8 两买得的"定包"山场，经过三代人的经营，其收获已相当之可观，一次的收益达到 700 多两。

同时期的一些契约文书也反映了吴氏已经开始将山场佃与本寨及周边村寨的人，俨然山主。下面这份契约反映的便是乌山寨中杨姓栽手向山主吴姓出卖其所栽杉木：

立断卖佃栽杉木约人乌山寨杨庆明，佃栽吴姓之山，土名高粮坡，上凭坎，下凭盘，左凭岭，右凭冲，四至分明。凭中出卖与土主吴德全名下承买为业，当日凭中□□价银三两整，亲手收回应用，其杉木自断之后，恁凭买主修理蓄禁管业，卖主不得异言，一卖一了，恐后无凭，立此断约一纸存照为据。

　　凭中　杨受还

　　代笔　杨正孝

　　乾隆三十年十二月初一日立

111

乌山吴氏早期迅速发家的具体过程并没有充足文献可以表明，但其发达的过程刚好在开辟"新疆"前后这一段时期内，我们有理由相信，吴氏家族充分利用了这一时机来扩大山场的范围。同时笔者也发现了两份吴有才在乾隆三十七年与乾隆四十年买得田地进行交易登记的契尾，这也表明其利用此种方式进一步确定其编户齐民的身份，以确保自身的利益。

前文已经提到，在一世尚与公迁入之后至第三世，吴氏家族的财富已经积累到了相当的水平。但从这个时候开始，吴氏家族开始了裂变，第三世吴友才娶有二房，育有三子，其子在父亲过世后便开始析分家产：

> 立关书，父吴友才所娶二官，前娘生孝仲，晚娘生银琏、孟琏，共生三子，父已去世，母子不录，堂叔、伯兄、亲友均分家产房琅、屋宇、地基、杉山并茶山、什物等件，先除本寨脚大田十五担，高绍寨脚田一丘十担，又除盘勾杉山一块，又对门茶山油一块，抽与前娘之子吴孝仲，余剩田产、杉山、茶山三弟兄平均分，开列于后：

> 对门秧田一丘，□边旧屋场上坎一连二丘，践或田上坎田二丘，旧屋塘一眼，寨脚塘边田一丘，架牢田二丘，特牛过路岭上冲边共田四丘，鄙界田二丘，归斗冲头田三丘，正隆下坎田一丘，九秧田一丘，正隆塘脚荒塘一丘，鄙保大小田七丘，一共六十二担。

> 高绍邓岑岭猛垒田四丘，有风水四方田一丘，弟兄三人全进，八牢屋脚得物坊田一共六丘，过路上坎田二丘，得面田一丘，屋地基田一丘，一共廿八担。

《吴氏谱根》上有载第三子不当家，兄弟之间的关系并不平等。在吴氏第四世析分家产时，其田产已经有 104 担之巨，而杉山、茶山等山场的数量在分家文书中并没有罗列出来。先抽出田产计 25 担、山场两块分给前娘所生的长子孝仲，余下田土山场再三兄弟均分。

乌山、岑梧这些远离江道的三锹寨子，虽然并未如文斗等村寨在地方社会中树立权势，但因其在清初开辟"新疆"之前便迁移到此，也获得了充分发展的机会，另一些较晚迁入的三锹人则经历了更多的曲折和冲突。王朝力量的推进带来了杉木贸易的繁盛，地方社会由此获利良多；但当地方社会出现大范围的动荡而王朝国家亦一时无力解决之时，地方经济也受到严重的冲击。如咸同"苗乱"期间，杉木贸易一度中断，这一区域的各个村寨也不同程度地卷入其中。这一时期契约文书数量的锐减便反映了这一点。以岑梧寨契约为例：村委会收藏的 340 多份契约中也仅有屈指可数的几份订于咸同年间，其中一份契约中提到了"匪"字；陆宪基所藏的 78 份契约中，乾隆年间 1 份，嘉庆年间 6 份，道光年间 19 份，咸丰年间 0 份，同治年间 2 份，光绪年间 7 份，民国时期 43 份；陆大建所藏 58 份契约中同治年间所订也仅有 2 份，陆秀崇所藏 117 份契约中亦仅有 2 份为同治年间订立。这一粗略的统计，能大致显示各项经营活动在不同时期的活跃情况，咸同时期契约数量的锐减意味着此时经济活动的沉寂。

五　山场纠纷的解决机制

（一）报官与鸣神

从吴相宇迁入乌山到第五世吴成思之时，吴氏家族已经积累了大量的财富，其父孝仲作为前娘长子，在析分家产中获得更多山场田土。在山林经营中出现诸多纠纷之时，吴成思积极地向官府控告，维护家族的利益。乌山寨的吴运喜先生告诉笔者，吴成思是寨中能"用鬼"之师傅,曾赴乌洋学法。道光十三年(1833)与鳌鱼嘴杨氏及邻寨龙氏发生山林纠纷,"伊(指鳌鱼嘴杨远昌)复统领多人,硬行霸葬,并将蚁等杉木砍去百多余株,蚁等因见远昌财势兼备,是以合寨三十多家,无一肯赴黎平之案",此时吴成思担负起维护全寨权益的重担。出门时,带有一把师刀,以"看鬼"讨生活,三年后才回家。

在上一节的叙述中很容易给我们留下一种印象,三锹寨子乌山吴氏的财产积累是随着时间的延续自然而然地增长。其实,吴氏家族经营山场的过程并非一帆风顺,各种纠纷和冲突贯穿始终,其家族文书中的大量诉讼词稿证明了这一点,其中最早的一份为乾隆三年(1738)控吴今楼滥砍山场:

> 禀太爷台前,禀者因本年五月内,吴今楼等砍山造事,蚁等父子控经代理府主,蒙批送天台查报,当蒙差拘。正蚁等拨云睹日矣,于六月二十七日公差拘齐被犯起身之后,今楼早令伊寨吴三九、吴冗加等多人将蚁粟米一块,约有十把,竟割一空。蚁妻赶至地茶报明黄差头。嗟,蚁一家老幼全赖此粟渡荒,而今楼暗令悖差擅割,情同活杀。若不禀究,三尺虚悬,只得泣禀天台作主,委差踏勘,严究赔偿,如虚反坐,上禀。
>
> 乾隆三年七月　日

在这份讼词中,提到与另一寨子已经因砍伐山场出现纠纷,控于府主有望解决之时,对方寨子又节外生枝。因被割去粟米十把,便称"情同活杀",似有小题大做之嫌,但此事不仅关系到种植粟米的田土归属,也关系到村寨的尊严。

在关于山场纠纷的文书中,一类是向衙门控告对方,由官府进行裁决,如前后持续三年的吴成思控鳌鱼嘴杨远昌纠合苗举寨龙遗舒盗葬山场一案。另一类则为约请凭中，用捞油锅等神判的方式解决。许多研究者也注意到这一区别，同时强调地方社会原有的制度在解决纠纷中所扮演的重要角色。① 从乌山寨与附近的三锹村寨中的诉讼文书中我们可以看到，在官府进行诉讼，与民间解决的机制往往是糅合在一起的。以俾嗟寨的一份诉讼文书为例：

> 为平空油火，安阻木植告恳法究事。缘虫等于去岁六月内，用价买得本寨吴朝俊、朝元弟兄土名骨杨山场杉木一块，执有卖约，四至分明。虫等当时砍伐拖放下河，而又卖与木客，价值已兑交清白，客人内木撬排。因春水未发，候至本年二月，忽遭本寨滥痞潘光辉勾凶姜开运，平空将虫等卖客人之木强行阻止，又经中唐老四、蔡老几、杨银科、潘光谟等向朝元弟兄理讲，称虫等错砍伊木三株等语。虫闻骇异，添请光卓、光龙登山相验。虫等并未砍出界外，木去木存，兼且买木之时因何不理，砍伐之后何又不阻，又卖与客人已撬排放下，幸遇河未发，倘若河下有水，木植已到外国，焉能阻止。中等直□，殊伊磕诈油火，心坚拒中不可。虫等复又凭中约伊等盟神捞汤，而伊等口应心违，至期带中逃跑，不敢盟神。中等活证似此平空油火，若不告恳法究，将来妄阻磕诈成风，良民难以安堵，迫切告乞台前作主，赏准差提法究施行。

> 　　具告状民

①　武内房司「鳴神と鳴官のあいだ——清代貴州苗族林業契約文書に見る苗族の習俗と糾紛処理」唐立、楊有賡、武内房司主編『貴州苗族林業契約文書滙編，1736～1950年』第三卷研究編、東京外國語大學國立語言文化研究所、2003、83～121頁。罗洪洋：《清代黔东南锦屏苗族林业契约的纠纷解决机制》，《民族研究》2005年第1期。

　　某氏向其寨中吴姓兄弟购得杉山木植，被寨中潘氏阻挡下河，潘氏先是请中人向吴姓兄弟理讲，某氏则再邀中人登山查看，并"凭中约伊等盟神捞汤"，潘氏不至，遂控告于官。

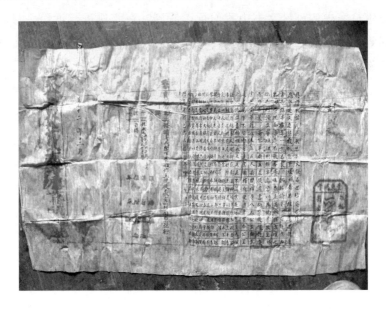

图 3－4　乌山寨道光十二年诉状

　　在乌山寨的一份契约中则看到，二人虽控于土司，纠纷最后的解决却与土司所在地的寺庙有关系：

　　　　立卖字，罗里回龙庵僧净泰，为因乌山、苗光与新化所王琳争论敬包盘沟下山一团，横顺二丈并杉木二株在内，二比立心捐在我庵中。今以仍将此山木转卖与乌山、小苗光吴孝仲、正华、成瑶三人名下承买为业，当日议定获价银一两八钱整。亲手收下，以作菩萨香火之资，僧人并不敢瞒昧。自卖之后，恁□买主管业发卖，僧等不得异言。今欲有凭，立此卖契一纸，永远为据。

116

外批：约内落三字。

代笔 杨开达

嘉庆二十年二月二十三日立

　　罗里为土司治所，当乌山吴氏与小苗光吴氏就其共同经营的山场与新化所王琳发生纠纷之后，控于古州土司。虽然相关文书中可见古州杨氏土司之判决结果，却以将山场并木植捐与回龙庵，吴氏再出香火钱将其买回的方式暂时结局。

　　随后的道光年间，乌山吴氏与其他寨子间因"高粮坡"山场的纠纷，也开展了历时数年的诉讼。在乌山吴氏所存文书中，直到清朝光绪年间我们也能看到类似山场纠纷，或通过控于官府，或是请中人理讲的方式解决，足以反映在山场经营过程中的种种不确定性和人群之间对于资源的激烈竞争。

　　在出现纠纷之后，同寨之人往往先请中人理讲，若得不到调解，或捞油神判，或控于官府，而不同村寨之间的冲突则往往直接以控诉的方式解决。当这些渠道都不能有效解决问题或充分满足某方的意愿时，尚可寄托其他方式。笔者在某村寨搜集的文献中见到一份落款"天运中华民国二十二年九月"的文献中有"神祇灵矣，诉断分明，兹恶理虚，今当……雷萧天诛恶无存，抑强扶弱，干察混争，口吐鲜血全家俱亡，降伊绝灭，永免后事"等语。另一份题为《具阴禀》的民国时期文献中则模仿诉状的格式，详细地描述了嘉庆以后某片山场纠纷的过程，结尾处云：

　　　　敬叩大圣佛主殿前，恳祈神圣降下，大显威灵，赏准洞鉴，查清此山之虚实。其山民等祖人买管到今木植捞山修管理，砍伐数届，层层有真。民为实理，应降之百祥；伊恶串霸，从世不管不修，今来强占，此系为虚，理应降伊之百殃。莫以虚为实，莫以实为虚。今伊之情，虚者天厌之！天厌之！

日天而言哉，叩之即应。

将希望寄托于超自然的力量，试图以此捍卫自身的利益或满足对资源的占有，或许是普遍存在的一种文化实践。① 这里列出的两份文献是在与汉文化的民间信仰充分接触之后产生的，或许尚存在其他诸多操作模式。这类文献存世较少，一种可能性是伴随相关仪式，往往将其焚之以达神前，其他的一些仪式行为或许并不需要诉诸文字。因此，从文献材料中构建出的社会机制或民众心态，往往仅反映了社会文化的一个侧面而已。

（二）新矛盾的产生与化解

在 2006 年去锦屏县做田野调查的过程中，笔者有幸参加了当地政府为庆祝三所希望小学竣工而举行的典礼活动。其间巧遇一位司机和当地报社的一位记者，两人都 30 来岁，分别来自笔者当时正在做田野调查的岑梧寨子和邻近的华洞寨子。这两人均已在县城安家，逢年过节时才返回老家。笔者与两人攀谈了起来，当得知笔

---

① 笔者在俾嗟寨子的一份文书中发现，当小孩被土匪绑架时，也期待通过诉诸神灵的方式得到解决：疏文阴禀，婆婆世界南瞻部州，今据中华民国贵州黎平府县所属地名俾爹寨居住信人吴应德，有小儿名唤常保，为匪徒猖獗护抢良善事，于 月 日 刻遭匪若干将屋围困，冲门入室将小儿常保吊去，家财货物并护尽空，势恶凶狠，魂飞魄散。切思善男信女独育一儿，乃作终身之辈，以望后代之根。遭匪护去，未卜存亡，思亲父子历代以来累传忠厚，不作毫非之事，夫何使我至于此极也，父子不相见，兄弟妻子离散，颜色之戚，哭泣之哀，禀官不及，投款难救，无方可保。是以合家诚心斋戒，虔备三牲，净差之仪，俯伏本境飞山福主杨令大、二王合庙灵神案下，再三恳祷告百拜哀求，伏愿福主大发慈悲，大显威灵，差阴兵将前去迷倒洪匪，款众阳兵将匪杀绝斩草除根，吏显神通赫赫，将小儿常保解纯开锁脱，脱身回家，父子团圆，不忘洪造，顶祝千秋，永远供奉。须至疏者。右疏上奉本境飞山福主杨令大、二王之神，合庙神灵案下投进。准此，伏以神通有感，圣德无虚，凡民祷求，果蒙显应，有扣即灵，赖圣心之洪恩，感□必报，实人意之精虔，谨呈奏为须至疏者，呈进上奉本境福主杨令二公合庙灵神。

者正住在岑梧寨的时候，话题自然而然地转到了他们两人的村落：

> 甲（来自岑梧）：你在岑梧做哪样？
>
> 笔者：你们那里是三锹人，去做一些这方面的调查，准备写论文。
>
> 甲：对，我们那里是三锹人。不过我都没晓得，我还一直以为是苗族，身份证上就是苗族。
>
> 乙（来自华洞）：你在那里住得惯不？
>
> 笔者：还可以吧。
>
> 乙：他们那里就是条件比较艰苦，像他们岑梧好多妹仔都嫁到我们华洞来，我们这边没人想嫁过去。
>
> 笔者：嗯，华洞我去过，地比岑梧宽些、平些。
>
> 甲：过去还经常和他们华洞敲嘛。①
>
> 乙：为了争土地，经常和他们敲过来敲过去。
>
> 笔者：你们不是同华洞也开亲吗，遇到亲戚怎么办？
>
> 乙：遇到亲戚那家自己就不去嘛，去其他家。

两人在谈到村落关系的时候谈笑风生，即使面对双方村落之间械斗的话题也是如此。在这谈笑风生中却道明了这两个村落在过去几十年的复杂关系：一方面，两个村落之间因为土地的权益经常发生纠纷，乃至上升为械斗；另一方面，向来"近拒远交"的岑梧也开始了与华洞通婚。然而在田野调查之初，面对笔者的访谈，村民们都讲他们与周围村落的关系融洽，随着了解的深入，逐渐接触过去村落关系的不同面相。

在整个清水江流域，关于山林权益的纠纷自清初以来便没有停息过，大量的民间文献也展现了这一点。就在笔者田野调查期间，

---

① 指村落之间的械斗。

村里有两兄弟因山林纠纷而请村委干部前去调解，当然这类弟兄之间因遗产继承而发生的纠纷并没有特殊之处。不过对于整个清水江流域来讲，由于人口的流动，土地交易的频繁发生，山场股份的不断析分，以及土地所有权与林木所有权之间的区别，这里的地权关系呈现异常复杂的形态。我们常常可以看到很多小地名中带有"两"字，如"十两山""四十两山"等，所谓"两"便是这座山的股份。如某人拥有"十两山"中之一两，便是指他有这座山十分之一的股份。拥有山场股份的人可以自己种植，也可以将其佃给他人耕种，或者将其全部或部分股份出卖给某人，或者是作为遗产分给儿子，那么这"一两"再细分为数"小两"，并可能在村寨内外不同人群之间流转。

中华人民共和国成立之后，锦屏县与全国其他地区一样，进行了土地改革，将全县没收的"封建资产山林"17229 亩计算出每人平均值，并按山林好坏、阶级成分进行分配。① 从 1952 年 3 月岑梧村农协所订的《没收、征收及分配杉山登记存底簿》（又名《土改册》）中我们可以看到，农协将所有的佃耕、自耕的山场登记在册，并注明其中占土股几何等等，然后将除"阴地"之外的"阳地"进行分配。而后又经历"合作化"和"山林四固定"的变革，将所有山林无偿收归公社或生产大队所有，土地林木由私有转变为集体所有。由此开始，个体村民与外村之间所发生的土地交易关系便成了村落之间的关系。同样以岑梧寨子为例，由于岑梧村民多向平鳌佃得土地，并与寨旱、华洞比邻，因此与这些村寨之间的关系尤为复杂。

岑梧村委保存有数十份关于村落之间山场纠纷的文书，多为法

---

① 胡廷黔、王锦河：《正确处理国家和林农利益关系，实现公益林区可持续性发展——贵州省锦屏县绍洞村集体所有公益林使用权问题调研报告》，电子文档，见于 http://www.qdnnews.com/dnwh/shqdn/jj/200605/5573.html，最后检索时间：2005 年 10 月。

院的调解书或判决书，时间从 1969 年直到 1998 年，这些文书为我们详细记录了解放之后村落之间的山林纠纷。现以其中一份"调解书"对此进行分析：

> 关于岑梧大队第三生产队与平敖大队相争黄土岭中开设的杉山问题，于一九七八年十二月十八日双方到区法庭进行调解。经查证据，此山是平敖大队姜盛朝和岑梧大队陆相福两家的共山，此山分为两大股，姜盛朝、陆相福各一大股，栽主是陆相福。岑梧三队于一九七六年砍伐出售，由于双方争执不清，封闭到现在未能决账。现经双方协商同意，按成分配，即劳动股拿七成，土股和栽股拿三成。三成当中又分栽主和土股，栽手拿六成，土股拿四成。土股的四成平敖大队和岑梧大队各拿一半，因此山位于岑梧附近，为了便利生产，从此后此山地永远归岑梧大队经营耕种。
>
> 此决议书与判决书同样有效。
>
> 当事人　平敖大队：姜承奎；岑梧大队：吴美凡、陆秀锦、陆秀熙
>
> 九寨区人民法庭
>
> 一九七八年十二月十八日

从这份调解书中我们可以看到，岑梧的陆相福向平敖姜盛朝佃种山场，由于山主、栽手分别来自不同的村落，所以当解放后所有山林收归村集体之后，个人之间的产权关系便转化为村落之间的关系。在更多的时候，山林的"土股"或"栽股"经过不断的析分或转让，使情况更为复杂，往往会有更多的村落牵涉其中。

一旦发生山林纠纷，当事的村落一般会诉至上级政府部门或法庭进行调解或判决，而有些时候也会采用其他方式进行解决。锦屏县人民检察院 1998 年所颁《关于××村对姜××、姜××等四户

房屋赔偿的处理决定》就记录了这样一个事件：

> 一九九三年四月××镇××村姜××、姜××、姜××、姜××四人，凭不正当途径获取的××区公所（1982）调解字第×号山林权属调解协议书。便将所谓地名叫"×××"、"××"的100余亩杉山活立木卖给××的××村的杨××和姜××等人砍伐之时，被××村村民发现，当时××村认为本村山林被侵害，既按村规民约聚众到××村找姜××、姜××等人质问卖山情况的同时，引起少数人对姜××、姜××家房屋进行打砸，并抬走姜××、姜××、姜××家生猪到××宰杀分光吃光，使姜××等四户造成很大经济损失，使其无辜的家人也受到殃及。当时对双方负责人，先以刑事案件进入诉讼程序，几年来因多方面的原因没有圆满结果。

国家实行封山育林政策之前，林木贸易是村集体收入中相当重要的一部分，所以村民难免会采取一些比较偏激的方式来维护集体的利益。1998年实行封山育林之后，大多数的森林不能砍伐，而经过几十年的调解与山林确权，现在的山林纠纷也变得少起来。

在解放以前，由于土匪活动猖獗，具有防御性功能的村落对于村民来说具有重要意义。在新中国成立之后，林业经济依然在这一地区占据主导地位，由于在较长的一段时间之内山场土地皆收归集体所有，集体的林业收入与个人的利益息息相关。不同村落之间对资源的争夺进一步深化了人们对村落的认同。

小　结

在本章中，首先简要描述了村落的生存空间和在此空间内的人群关系。在多姓同居的三锹寨子中，通过种种口传故事，我们所看到的不同姓氏人群之间的合作与竞争，不时有势力较弱的人被排挤出村寨。同一姓氏的人群内部也在人口增长的过程中裂变为规模不等的房族，在资源的竞争之下，多有矛盾冲突发生。村落中的复杂人群关系也导致人群之间的互助或冲突往往超越了依照血缘关系划定的界限。

通过乌山寨现存的民间文献，可以窥探寨中吴姓人早期山林经营的情况。现有的文献表明，乌山吴姓人之开山祖至迟在康熙四十三年便迁徙至此地，在短短100年间吴姓人得到迅速发展，通过与另一三锹寨子小苗光合作经营山林，积累了大量的财富，同时其家庭内部也开始裂变，部分人从中获得了更多的财富。伴随山林经营的是山场的纠纷，人们不仅利用民间调解机制，也利用官府的力量化解这些纠纷。到中华人民共和国成立之后，随着土地所有权的重大变革，新的矛盾随之出现，村集体一度成了冲突的主体。

第四章　离而不散：三锹人结群关系的变迁

哪乡坐在高坡冲，
两边行路莫相同。
哪乡坐在无水塘，
坡又高来路又长。
三年才会一回面，
思郎思乡又思量。
三十三锹共一里，
九条黄白共一行。
炼坐一团坐一块，
耕田种地共田塘。

——三锹各寨盘歌①

"哪乡坐在高坡冲，两边行路莫相同"唱的是九佑寨，一个讲侗话的三锹寨子。2003年出版的《乡土锦屏》中这样描述道：

该村遗落在大山深处，山大壑深，往文斗、岑梧、华洞、中仰等邻村非上即下，鲜有坦途，交通甚是艰难，是县内至

---

① 2009年夏抄录自岑努寨一位潘姓老人的手抄歌册。这首歌名为《三锹各寨盘歌》，在这首歌之后抄录的是《靖县三锹各寨歌》。

124

今未通公路的少数村寨之一，乡里有的干部视去九佑为畏途。①

"哪乡坐在无水塘，坡又高来路又长。三年才会一回面，思郎思乡又思量"唱的是甘塘，是启蒙镇海拔最高的村寨之一。和《三锹各寨盘歌》中唱到的其他寨子一样，在政府资金大量投入乡村公路的修建和改造之前，交通颇为不便。这些寨子之间的距离往往相距较远，到与岑梧最近的三锹寨子九佑，走路需要花上半天的时间。

彼此之间虽然山长路远，但依然维系了相当密切的联系，不仅在山林经营中存在大量的合作关系，更体现在相当长的一段时期内三锹寨子之间的内部通婚。离而不散，是本章对三锹村寨关系的概括。"离"在这里有两层含义：一是指离开了原乡锹里，从康熙初年开始陆续有人来此落业，尤其是在清水江流域木材贸易以及人工营林逐渐兴盛之后；另一层含义则是三锹村寨之间的距离都离得比较远，因海拔较低、土地资源相对丰富的区域，以及靠近江道便于木材搬运的山区早已形成较大规模的村寨，佃种山场的三锹人村寨多由在山中扎棚居住的小型聚落发展而来。

对于山林资源的竞争，族群或不同时期、不同区域移民之间的区隔，使得借地域认同而联系起来的三锹人，不仅订立款约，"击鼓同响，吹笙共鸣"，同时在婚姻方面也维系着三锹村寨之间的内部通婚。除此之外，村落的联盟关系也通过芦笙场或歌场具体地表现出来。随着社会的不断变迁，村寨间的联盟关系也在不断发生变化。

① 王宗勋主编《乡土锦屏》，第185页。

一 "阖里齐援":三锹人的村寨联盟

由契约文书我们可以看到,三锹人在清水江流域开垦山场大约始于康熙中叶,历经近百年的发展,居住在不同村寨中的三锹人已俨然成为与当地其他族群抗衡的一个团体。乾隆十四年,三锹村寨各寨长老聚集,举行仪式,订立盟约,并将其勒于石碑。碑文内容反映了在清水江开发的背景下,来自靖州锹里的移民在与开发之前便居住于此的其他族群以及晚来的"客家"移民进行资源争夺的过程中维持着族群的边界。

从这则碑刻中我们看到"吾三锹各寨里长约集",以"宰生鸡而誓志,饮血酒以盟心"的仪式,宣称"务须击鼓同响,吹笙共鸣,同舟共济,痛痒相关,一家有事,阖里齐援",同时也强调"倘遇外来之侮,阖里应齐心以御,尤对客家与苗人更应合力以抗之"。虽然碑文中也出现"尝思朝廷有国法"等语,由"三锹各寨"参与的这次合款显然是在国家力量不在场的背景之下进行的,各寨里长此时扮演的角色也并非国家与地方社会之间的中介,而"尤对客家与苗人更应合力以抗之"更非王朝国家在地方社会中的代言人所喜闻乐见。

通过对靖州锹里的考察,我们可以发现,面对区域社会的各种内部问题和外来冲击,各处村寨往往通过参与规模不一的合款的方式来应对。由锹里移民至清水江下游崇山之间的三锹人,虽然已经脱离了原有"三十三锹同一里"的地方社会组织,但是在新的环境中依然采用了其运作机制,是故"三十三锹同一里"在清水江下游三锹人的歌册中被书写为"三十三锹同一理"或"三十三锹同一礼"。从"里"转变为"理"或"礼",固然可以视为口传与书写的转换之间通常会发生的现象,但更多体现的是既有的社会组织方式随着人群的流动在新的地域社会中的延续与再造。

从一些文献中我们也可以看到，清王朝为了加强对苗疆社会的控制，往往运用地方社会固有的"合款"组织：

> 凡盗匪出没，奸猾异常，各村自为防闲，固为妥协。倘偶不及备，难保不受其害。必须互相守望，方保无虞。尔等各村绅耆，于小款定后约会邻绅耆，或三十里或二十里合为一大款。一处有警，各村绅耆即时号约各处壮丁，齐出救援。倘村寨相隔远近不等，即不限以里数，各就地方之便，于救应者或三处五处、十处八处团为大款，方便号约。①

在社会剧烈动荡之际，合款组织的作用尤为明显。咸同年间，清水江流域爆发了大规模的"苗乱"。虽以"苗乱"名之，这却是一场卷入了众多族群的社会大动荡。这场动荡持续了 20 多年，造成人口大量消亡，社会结构也由此经历了重大调整。② 张应强在其著作《木材之流动——清代清水江下游地区的市场、权力与社会》中亦论述了咸同年间的这场兵燹对于清水江下游社会重构以及当地木材采运制度之间关系的影响。③ 其时，胡林翼先后主政贵州镇远、黎平等府，其年表中有载：

> （咸丰元年）六月，卸思南府事，补授黎平府知府，时已定计请答咨北上引见，适粤寇日炽，上宪饬到本任理防堵事宜。七月接篆。黎平界连楚粤，地杂民苗，久为盗贼出没之

---

① 《道光二十七八年安顺黎平府告示稿》，《明清法制史料辑刊》第 1 编第 21 本，国家图书馆出版社，2008，第 237～238 页。

② Robert D. Jenks, *Insurgency and Social Disorder in Guizhou: The Miao Rebellion 1854–1873*, Hololulu: University of Hawaii Press, 1994.

③ 张应强：《木材之流动——清代清水江下游地区的市场、权力与社会》，第 85～98 页。

薮，或一日连劫十余家，或一家惨杀三五命，妇女污辱，鸡犬一空。公查访情形，亟求安辑之法，以为御外寇莫如团练，清内匪莫如保甲，严定条约，实力举行，如本寨有人出外为盗，则责成本寨乡正团长牌长交人；如外寨有盗入境而不救援，不追捕，则责成本寨邻寨乡正团长罚钱入寨，充公备用，而官不经手。①

由于清水江下游地区的动荡，木材贸易陷于停滞状态，为应对地方社会的剧烈变动，不同人群采取了不同的生存策略。部分人成了四处骚扰的匪徒，而文斗、平鳌、瑶光等在清水江中下游依靠木植贸易获益颇丰的村寨，则组成了以"三营"为名的地方团练组织：

（咸丰六年）九月初三，贼至北路高屯，黎平□□遭围困。三营约于二十六日齐集甘塘并下婆洞、边沙共商议堵御。及见彼势有异，星夜赶回，遵胡文忠公团练之法，纠集各寨壮丁，各带口粮器械，合于十月初六日齐分扎甘塘、大坪、九冈坡（高贞）三处。贼果进婆洞，势正危急，当公举瑶光文举姜吉瑞领瑶光、韶霭、塘东、格翁、井宗、苗吼、培亮、甘塘团丁扎住甘塘坳，呼为上（甘塘）营；公举文斗寨武生姜含英领上下文斗寨、平鳌、岩湾、加什、中仰、张化、鸠佑、南路、鸠怀、丢休、松离团丁住扎九冈坡，呼为中（九冈）营；公举瑶光河口武生姚廷桢领甘乌、八洋、平略、新寨、岩寨、寨藻、扒洞、岑梧、高常、高贞、归故、大坪团丁住扎高贞坡头，呼为下（高贞）营。三营分扎卡二十五座，并严禁各寨，不准逃遁一人、藏匿一货。如违，照营规处治。时中仰寨有富

① 《胡文忠公年表》，严树森编《胡林翼年谱》，大陆书局，1933，第20～21页。

128

户私逃，营众不依，得陆灿协于中极力劝解，当始开伊仓谷充公。粮食愈足，营规愈实。①

这一区域的中仰、九佑、岑梧等三锹村寨也被整合到三营之中，并参与到战斗中，且时有牺牲，如《三营记》中有载：

> 文斗、岩湾、加什、中仰队陆续皆到，大战一场，贼败下归遂溪。……团丁阵亡姜礼（平鳌创见卡外对杀，被炮伤，负痛二日而亡）、潘大祖（中仰人，大旗手，□□□众贼路□□炮，即死）……带伤者十余人。

但是，在官方的许可之下，结合基层政权架构，整合不同族群村寨而建立的团练组织，多由在地方社会中具有权势的村寨主导，三锹寨子在其中往往听命于这些村寨。亦有三锹寨子因平时与周边村寨摩擦不断，一度被认为是"盗贼横行"，因寨中头人包庇而被三营挞伐：

> 为盗党横行，公送恳办，以重保甲而靖地方事。窃生团等三营自咸丰初年以来，遭各官示谕，认真保甲十余年，战守与黎城相为犄角之势，故城乡得以保全。近来中仰盗贼横行，寨中被窃者二十余家，邻村被劫偷四十余户，贼等所得不知多少，计各户所失约近数千。生等三营先写信劝中仰绅首务善劝为正，免滥地方，彼等终不肯改。遂约齐团众于去腊初六日亮队至中仰，跟究贼踪。陆元标出云，我处无为盗之人，如有犯盗，为我元标是问，团众散回，而群盗仍行故辙。生团等正欲侯开□禀恳恩星除盗安良，而盗首陆老培闻地方认真，愿自首

---

① 民间抄本《三营记》。

续罪。元标畏供，子佺统率群盗，将培屋打滥，杀猪分谷，培母子报接三营。元标要每盗出银十两，田八石，立约与标，标包无事。现陆××、陆××等各人皆有口供，另录呈阅。当此时势，不除内奸，何御外侮，况恩星下车即札城乡整保甲，元标不惟不办保甲，反纵子佺为盗，偷劫地方，此岂□中之人所为，□若不解送惩办，地方良善睡不得安枕，而保甲亦从此废弛矣。为此联各公送所有处被盗人家备录于后，伏恳台前赏准收押惩办，以重保甲而靖地方。①

除三营外，其周围地区亦有类似村寨联盟在竭力维持社会原有秩序，"（同治六年）二月，贼扰东路。初五日，上营协高洋款、天堂等处团丁在中林、洋武坪连攻数仗"。② 今人吴显烈先生对当地习俗的描述中提到了"黎榕四十八寨""记间"的安排。

"记间"（ji jaenh，黎榕四十八寨侗族、苗族节日，苗族叫做"吃牯藏"，侗族也有叫"吃牯藏"的），在我们尚重老区，是按十二地支排列，哪个寨子用哪两个地支年份为"记间"的。这样年年都有记间的村寨，利于加深亲友间的交往，更利于增进各民族的相互了解、团结、友谊。以子午为节的有：尚重、岑色、务弄、邓路、绞洞、高觥、岑纪、岑波、德化、平养、岑优、腊亮、平寨、岑同等村寨；以卯酉为节的有：高仲、高沙、高练、高绍、俾雅、塘朗、塘旧、平底、乌山、俾嗟等村寨；以辰戌为节的有……等村寨；以丑未为节的有……等村寨；只有育洞"记间"过十二地支中申子辰三届牯；以己亥年为节的有：岑桃、岑努、

---

① 《1-1-2-173中仰盗党横行禀稿》，张应强、王宗勋主编《清水江文书》第1辑，第293页。
② 民间抄本《三营记》。

130

岑虽……等村寨。这些年份的决定，是以前高西、高东款的前贤寨老们商议好的。[①]

根据这份资料，俾雅、乌山、俾嗟、岑桃、岑努、岑虽等三锹寨子也在特定的年份举行"记间"，笔者在俾嗟、乌山等村寨进行田野调查时，访谈对象对此并无太多的记忆，但一些老人对三锹寨子从属于高西款、高东款则有着较为深刻的印象。或许三锹村寨其实难以真正融入这些体现地域社会既有运作机制的仪式性活动之中；而被整合进类似三营的包括高东款、高西款在内的高洋大款团练组织，则是在地方社会剧烈动荡之际，这些三锹村寨必须做出的选择。

三锹村寨在乾隆年间订立款约互相守望，随着咸同年间清水江流域出现大规模动乱，王朝国家的力量不足以维持既有秩序，鼓励地方兴办团练。分布在不同空间的三锹村寨被整合进不同的地方组织之中，三锹村寨在地方团练组织中往往处于弱势地位，其间时有冲突。在此情景之下，原有的"击鼓同响，吹笙共鸣"的三锹村寨联盟关系虽然遭遇重构，但族群的边界并未因此消解，三锹人依然通过族群内部通婚的方式维持村寨间的联系和认同。

二　"近拒远交"：三锹人的通婚圈

清水江流域的三锹村寨人在 50 年代之前大多只在三锹寨子之间通婚，有人将此通婚模式称作"近拒远交"。由靖州迁入清水江流域佃种山场的三锹人，迁徙较为频繁，分布也较分散，故而三锹人所形成的村落之间往往相距较远。所谓"近拒"就是指不与三锹人村落四周的苗寨、侗寨或汉寨通婚，"远交"当然指的就是与相隔较远的三锹人村寨通婚。《三锹人族属的调查报告》中提到：

---

① 吴显烈编著《黎平榕江四十八寨侗族习俗文化》，未刊稿，2006。

"三锹人在婚丧嫁娶这些方面也有独特的习俗。过去，三锹人都是在本民族中结亲，既不许本族女子嫁与他族，也不许本族男人娶异族女子为亲。"该报告又云："苗族老人杨文斗、杨光茂说：'岑趸与我们苗丢、岑舍两寨是近邻。过去我们这里的人与他们素不往来，更不说结亲了。'"①

然而，由于文献的缺乏，我们无法得知村落形成之初三锹人通婚的具体情况。乾隆十四年锹里合款碑上写的"男女婚配……水各水，油各油，不准油来拌水，亦不准水去拌油"则明确地规定了三锹村寨通婚的原则。笔者首先通过村中老人的记忆，以岑梧寨为例，大致建构岑梧过去100多年来婚姻圈的变化。当然，由此粗略得出的结论并不能代表200多年前的状况，但至少可以对此略有反映。

岑梧各姓的族谱上并没有记载男性所娶妻子来自何村何寨，而对于在岑梧村出生的女性更是连名字都没有提到。而此处对于婚姻圈的考察主要是利用族谱上的姓名，由村中的老人进行回忆。这里以岑梧陆氏为例作一考察。岑梧陆氏"秀"字辈的人大多在新中国成立前后出生，"秀"字辈之前为"相""胜"字辈，考察"相""胜"字辈男性的通婚情况，则大体上可以了解19世纪晚期至20世纪上半叶的情形。②

岑梧《陆氏族谱》中所载"相"字辈共60人，结婚者46人，除一人娶有两房外，其他人均娶一妻。对这47位妻子的地域来源进行分析如下：

----

① 《三锹人族属的调查报告》，1984年7月。

② 需要注意的是，在同一个村落中，同一辈分的人之间的年龄差异相当大，而不同辈分的人则有可能在同一年龄段，这里是在综合契约和墓碑等材料后大致断定这两代人所跨越的年代。另外，将族谱材料用于人口学的分析所面对的困难，不只是没有确切出生和死亡记录，夭折与给家族蒙羞者也往往被排除在族谱之外，见 Zhao Zhongwei，"Chinese Genealogies as a Source for Demographic Research：A Further Assessment of Their Reliability and Biases"，*Population Studies*，2001（55），pp. 181–193。

来自三锹村落（共 40 人）

高表 14 人　　　美蒙 9 人　　　九佑 4 人　　　乌山 4 人

乌勒 4 人　　　九桃 1 人　　　中仰 1 人　　　岑迖 1 人

俾雅 1 人　　　俾当 1 人

来自其他村落（共 3 人）

华洞 1 人　　　中寨 1 人　　　归故 1 人

来源不详（共 4 人）

谱载陆姓"胜"字辈共 96 人，结婚者 72 人，亦除一人娶有两房外，余者皆娶一妻。相关分析如下：

来自三锹村落（38 人）

高表 11 人　　　中仰 7 人　　　美蒙 5 人　　　乌勒 5 人

九佑 4 人　　　乌山 2 人　　　岑迖 1 人　　　董翁 1 人

八龙 1 人　　　岑梧 1 人

来自非三锹村落（共 21 人）

里格、熬市各 3 人

华洞、归故、新华、亮司、中林、中寨、平鳖、寨早、大坪、白岩塘、黄土坳、韶蔼、九江、八龙、剑河各 1 人

来源不详（共 14 人）

从这一简单的统计中，我们可以看到岑梧寨子与其他三锹寨子间所存在的通婚关系，其中亦反映了在新的社会脉络下这一婚姻圈的瓦解。在访谈中，岑梧人告诉我，他们以前和高表、美蒙、九佑、乌山、乌勒这些村寨结亲较多，这在上面的数据中也有所反映，在其他三锹

村寨进行的访谈也能得到类似结果。在这些三锹人村寨中，距离岑梧最近的九佑有约 10 公里远，而其他村寨则有数十公里之遥。对于这种"近拒远交"通婚模式，除了听到"只觉得我们锹家的好"这一关乎"原生性情感"的解释外，从村民的其他说法中——"我们是锹族，很朴素，所以一直坚持往来，没有越出结亲，一直到三十年代或清朝的末年，破例与华洞结亲。我们锹族都是很朴素的，结婚也很朴素，不放炮，不能和文斗这些苗族比美，我们就爱唱歌"①——也能隐约体会到经济和文化的差异是岑梧村民只与三锹人结亲的原因。难以融入当地的社会生活是早期三锹人只与三锹人通婚的一个重要原因。佃种生活的不确定性注定了这一人群迁徙靡常，因而这一人群分布更加广泛，"近拒远交"的这种通婚模式也因此形成。

不过，由于在婚姻改革前实行姑舅表婚的通婚规则，加之彼此村寨相距较远，在乾隆年间订立款约的这一时期前后，村寨中的未婚男性或许在获取配偶方面存在一定的困难。碑文中"倘男不愿女罚银三十三，女不愿男罚银六十六"的规定，表面看来是对违反通婚原则的惩罚措施，其实证明了在实践中不断有人打破既有规则，这一规定也为在婚姻方面做出超越规则的选择留下了可操作的空间。男女之间违反婚姻规则须承受的罚金的差异，似乎也说明了男姓获取配偶更加困难。

笔者在俾嗟发现的一份名为《三锹重议婚礼碑记》的文书中，亦见到当时三锹各寨头人聚集商议婚姻礼仪之事。其碑已无处可觅，但碑文原稿尚存，其文如下：

三锹重议婚礼碑记

忆夫俪皮为聘，自古去野合之风，蹇修传言，宜今重人伦之本，自伏羲氏制以婚礼，然后君臣、父子、夫妇有所分，礼

---

① 访谈自岑梧寨陆秀裕先生。

之所系，不綦重乎。近观吾等乡村僻处方隅，见闻固陋，每见转表受聘之弊，殊堪痛恨。或情叶周亲而视为胡越，或谊联公当而等于路之人，甚至构讼于廷，倾家破业，扰人女子，临老无依，人道沦焉，无存天理，悲其何在。尝前人有约而穷弊多端，可知善始者实繁，克终者盖寡。是以各乡重新计议，设立款禁，勒诸贞珉，永定规列，幸而仁人君子怡然相应，一人唱之子前，众人和之子后，共劝盛事以美举。由是开新进之门，蠲除旧染之习，人道无乖风化，宜遵于□国雁币，有准礼式，乐效乎东莱广乎习俗改规，颓风渐革。因予糊口外方，联出几载，以免抛荒本业，而竟问记于予，予以为点缀不工，实难自任，而又有难于假托者，于是书乎。

一议不准强逼转表，愿亲者凭媒说合。

一议外甥女财礼不准舅父所受分毫。

一议倘有舅父横行强要者，众等各寨各代盘费，公仝送官。

一议聘金礼上户六两八钱。

一议谢媒肉六斤酒六，乎不如百文有谢无请。

一议送亲粑一百八十斤，秤盐九斤，主家占六斤，房族三斤。

一议定亲礼纹银四钱四分。

各寨头人

中仰　潘国全、陆廷直、龙起和、陆光星、陆光玉、陆光维

岑梧　陆子旺、陆通盛、陆通广、潘正科

九佑　林绍奇、潘成光、龙文斌

小瑶光　龙成发、吴正光、龙登玉

俾当　□正益、□正光、赵应璋

九桃　龙相义、向宗祥

归雅　潘开孝

高练　龙宗耀

俾雅　杨应照、杨应林、杨宗争、杨再隆、吴昌建、吴昌荣

岑低　潘有才、潘成得、潘士荣

岑弩　潘志明、潘志和

俾爹　潘通福、吴起梅

乌山　杨光星、吴成凤、吴文华

归斗　潘朝政、张正国、姚光仕

唐望　杨有光、潘正旺、王思荣

乌勒　吴成隆

八受　杨国举

八龙　唐再盛

新寨　龙芝胡、龙永胜、唐仁昌、潘国明

岑果　吴光仕、张显益

高表　龙双全、龙天佑、龙士周

□□　杨昌能、张应举

道光廿七年十二月十五日　　立

　　从乾隆十四年三锹各寨里长约集制定了关于婚姻的条约，再到道光二十七年"三锹重议婚礼"，这 100 多年间，我们可以看到这一人群之间一直维系着"三锹"的族群边界，而婚姻是其中的一项重要准则。

　　这两块碑文中另一个值得我们关注的地方便是关于婚姻原则的具体叙述。在第一块碑文中，只提到"男女婚配务须从父从母，原亲结亲，不准扒亲赖亲。水各水，油各油，不准油来拌水，亦不许水去拌油"；迨至道光年间，则主要强调"不准强逼转表，愿亲者凭媒说合"，"外甥女财礼不准舅父所受分毫"。这表明，随着清水江流域的开发，财富观念和习俗等都发生了重大的变化。①

---

　　①　武内房司「清代貴州東南部ミャオ族に見る『漢化』の一側面」竹村卓二編『儀礼・民族・境界——華南諸民族「漢化」の諸相』風響社、1994、81～83頁。

在贵州的这些三锹人"重议婚礼"之前，湖南靖州锹里各寨头人约集刊碑反对"舅霸姑婚之鄙陋"，两地前后相差 6 年时间。靖州锹里的婚俗改革碑立于三锹乡地笋村下地背，兹亦将该碑抄录于后：

群村永赖

钦加知府衔湖南靖州直隶州正堂加三级宋，署湖南直隶靖州正堂加三级六次郑，为严禁陋习，以端风俗事案。据锹里生员、峒长吴光庠、潘正立、吴通林、吴士龙等禀称生蚁地方久蒙作育，向化有年，惟陋风陋俗，未蒙化改。即论婚姻，礼之大者，择婿配偶，古今无异；奈生蚁地方，不循伦礼，所育之女，定为妻舅之媳，他姓不得过问，若亲舅无子，堂舅霸之，凡为舅氏者，皆得而霸之，间有舅氏无子，将女另配，舅氏索钱，少则三、五千，多则百余金，一有不遂，祸起非小，此舅霸姑婚之鄙陋招害愈深，其多育女者致起溺女之毒，非不知有伤造化之思，实出不已。乾隆年间生蚁祖人潘学贵等以俗陋遭害。禀前陈主蒙准示禁在案，无奈前项习气未能尽改，只得叩乞赏准示禁永杜陋习等情到州，据此除批示外，合行出示严禁。为此示仰该里居民人知悉，嗣后男女婚姻必须由父母选择，凭媒妁聘定，不许舅氏再行霸婚索诈，倘敢故违，许被害之人立即赴州，指名具禀，以凭严拿究惩，决不稍宽，各宜凛遵毋违，特示。

右仰通知正堂宋批准示禁。

复禀详文宋批：此案业经出示严禁，如果再有霸索情事，尽可随时具禀拘究，由详立案。

正堂郑批：婚姻听人择配，岂容逼劝霸占，倘有扭于陋习，霸婚苛索情事，许即随时禀究毋容，率情示禁。

计开：

一、遵州主，婚姻听人择配，不许舅霸姑婚，如违示禁，会同禀究。

一、遵州主，不许舅氏苛索银钱，如违示禁，会同禀究。

一、聘金财礼只许一十六两，如违，公罚。

一、过门水礼议定银八两，如违，公罚。

以上数条正规，各遵　州主示禁，如果违者，被害之家必备银三两三钱，通众齐集，公议禀究。

计开众寨首事姓名附后：

凤冲寨　生员吴光律、吴陞岱，里民吴通质、吴昌鲁、吴仕盛、吴昌培

地背上下两寨　生员吴文洁、吴文亮，里民吴能连、吴文进、吴文荣、吴文科、欧仕梅、吴起鉴、吴朝凤、吴仁宽

地笋上下两寨　生员吴文道，里民吴在德、吴世连、吴光昌、吴光亨、吴世仕、吴光益、吴文开、吴昌清、吴昌睦

楠山聋冲两寨　生员吴昌鸾、吴大儒，里民龚兴义

水冲寨　吴朝相、吴通明

元贞寨　潘高文、潘仕向、杨秀应、潘大和

小河寨　生员潘通琳、潘通兴、潘秀□、潘秀朝，里民潘光

皂隶寨　杨光华、杨通睿、杨光爵、杨通湖

金山寨　杨秀清、吴天仁

孔洞　里民潘光成、潘永科、吴正科

万才寨　生员潘大林、潘大谟，里民潘正元、潘大礼、潘爱先

菜地湾并岩嘴头　生员潘国珍、潘相珍，里民潘秀珍、潘仲举、潘□□

铜锣段　耆员吴正先　峝长吴文秀

黄柏寨　生员潘子仕、潘成道，里民潘祥海、潘登和、潘琛海、潘忠孝

地庙寨　生员吴国益，里民潘通成、龙忠培、陆□达

同门、略冲　生员潘□□、李在光、王文配

其有小河、岩湾、铜锣段、官田数寨俱在内

道光二十一年六月十一日　石匠师傅伍登榜　刊镌

锹里改革在前并不意味着清水江下游三锹人的婚姻改革是在原乡锹里影响之下开展的。破除舅霸姑婚的习俗，是这一时期包括三锹人在内的不同族群的共同抉择，反映出更大区域范围内社会经济文化的变迁。从两地主事者的身份来看，则可以发现两地在不同地域社会中发展轨迹的差异。靖州锹里的参与者多为地方生员，而清水江流域三锹寨子中的"各寨头人"似乎并不具备这一身份。同样我们可以看到，对于这一改革两地都是慎重其事，碑文中列出的参与议定规则的"头人"或"首事"村寨，则直接反映出这一时期两地村寨联盟的构成，并在一定程度上体现了两地的通婚范围。

三　芦笙堂与篮球场：从联盟到联谊

在前文中，我们提到清水江流域的村寨之间以"合款"的方式结成村落联盟，以应对地方社会公共事务，这一结盟方式在地方社会动荡之际也被国家政权改造与利用。村寨之间的结盟关系往往也通过人们在特定时间聚集，开展诸如踩芦笙、对歌等活动体现出来。靖州锹里下锹之铜锣湾歌手吴会湘所传之款古歌曰：

客家玩龙灯，苗家踩芦笙。

先开平茶四乡所，后开靖州花鼓楼。

平锹十引吃牯藏，下十六寨赶歌场。

先开歌场四方岭，后开歌场龙凤山。

交界之地两头坳，暗地插牌赶平茫。

下锹六寨路程远，齐齐相邀赶岩湾。

丙午年间开歌场，歌场先在紧打框。

七月十四中元会，四路男女都来玩。①

在闽台地方社会中我们可以发现将信仰同一主神的不同村落人群联系起来的祭祀圈组织，而在湘黔交界地方玩龙灯、踩芦笙、吃牯藏等仪式性活动亦可以体现这种人群的区分与联系。

不同村寨之间举行踩芦笙或对歌活动的场所被称为芦笙堂或歌场。这些地方有时也是款场之所在，如前文提到的锹里牛筋岭款场，曾经是严重扰乱地方社会秩序或违背地方社会行为规范者被"过刀处斩"之处。2008年夏天笔者在此进行短暂的田野考察时，周围村寨的人们正在准备在此进行踩芦笙与唱锹歌的文化展演活动，甚至有在外打工的年轻人在此时回到寨中，在年长者的指导下学习芦笙调子与步法。当然，今天的这类活动已经失去了传统时期村寨联盟的意味。

即便是踩芦笙，不同的人群之间亦有其特定的芦笙调子与步法，以示区别。《三锹人族属的调查报告》中对清水江流域的三锹人所踩芦笙有如下描述：

> "三锹人"喜爱吹笙。每年春节至元宵期间，附近各寨父老及青年男女都要约集到芦笙堂吹芦笙、踩歌堂。他们踩歌堂分为直调、半花调、两边花、六步调等四套。踩堂时，男子在前面吹芦笙，姑娘跟在后，男女共同起舞。他们一开堂就先放三铁炮，敲锣打鼓，有芦笙者吹笙，无芦笙者歌唱，随着歌声和芦笙伴奏起舞。基本动作是：先右脚提起，

---

① 吴作光：《岩湾歌场的由来及发展》，《靖州文史》第8辑，第31～34页。

图 4 - 1　俾嗟寨上手持芦笙的老人（2009 年 3 月）

两脚向两边盘甩，意思是除杂草保丰收。吹至（勤得得）时，身向后绕一转，后向四面八方。每调快结束时，勾腰，前脚脚尖着地行恭敬礼，表示一敬天地，二向观众敬礼。最后敲锣打鼓散场。①

笔者在清水江流域的部分三锹村寨中行走时，常有人对笔者指着某个较为开阔的场地说道，这里曾是芦笙场，过去在过

① 《三锹人族属的调查报告》，1984 年 7 月。

节的时候到这里踩芦笙。在乌山、俾嗟两个三锹寨子的访谈显示，解放之前，两个寨子在每年正月十五之前在两寨之间的一个坝子踩芦笙，同时杀猪敬神。在岑戛寨子的访谈则显示，岑戛寨与乌山、俾嗟二寨之间亦有一个芦笙场，是以三寨人群合而笙歌。

乌山、俾嗟两寨之间有一小庙，在踩芦笙的时候两寨人会来此祭拜。此庙今已残破不堪，除了平日人们来烧香时残留的香烛，庙中并无他物。对于庙中曾经供奉的神灵，大多数村民已经没有印象，仅有几位村民记得庙前曾书写有"杨令二公"等字，以及该庙由靖州之飞山庙分香而来。

在此，我们尚无法厘清三锹寨子的信仰与地域社会组织之间的关系，如俾嗟、乌山二寨曾奉祀的飞山福主杨令大公、二公；但我们依然可以看到，这类祭祀活动与村寨之间以"吹笙共鸣"为表征的村寨联盟组织之间的关系。今天，寨子中的庙宇已经残破不堪，曾经一起踩芦笙的场地也早已荒废，这表明传统的村落联盟关系已经不复存在。

2008年，笔者在俾嗟寨子进行田野调查时正值暑假，寨中的大学生和中学生大多返乡，这些年轻人时常聚在一起打篮球，村中大人和小孩也多热衷这项运动。此外也常常聚餐，谈论最多的便是如何筹集资金对村里的篮球场进行改造。

当时大家告诉我，俾嗟寨在过去几年的春节期间组织了与周围寨子间的联谊活动，其中包括对歌等，但重头戏是篮球比赛。参与者除了俾嗟行政村内另外几个侗家和客家寨子外，同时也邀请了其他地方一些篮球打得不错的寨子。

此后，这项春节活动一直延续下去。一份名为《2016年俾嗟春节活动策划书》的文件中提到，2016年春节活动的主题为"弘扬俾嗟篮球文化精神，传承三锹文化，丰富乡亲们精神文化生活，增进临近乡村同胞团结和友谊，营造'我运动、我健康、我快乐'

的生活氛围"。① 从正月初二至初四为期三天的活动中，篮球比赛持续两天，其中初三这天从早上 8 点一直进行到晚上 10 点。

这项活动由"俾嗟青年学生联合会"策划，正如当年暑假见到的那帮青年学生，他们积极地参与到寨子的公共事务中，并拥有了一定的话语权。在春节活动中也安排了山歌表演的环节，以"传承三锹文化"，体现出青年学生对三锹文化的关心和认同。活动的主题"增进临近乡村同胞团结和友谊"，参与者也并非以三锹村寨为主，清初以来以资源竞争为目的维系的三锹村寨联盟关系已经彻底消逝，谈及三锹时更多是对三锹文化的认同和以三锹歌为主的文化展演。

2009 年前后所到的三锹寨子中，年轻一代大多已经不会唱三锹歌，唱歌或成为一些老年人在酒后兴致所至的怀旧娱乐活动。传统的玩山对歌的男女青年交往形式已不复存在，而是"通过系列户外拓展游戏与晚会活动"为"未婚人士搭建一个良好的交友平台以及营造一个良好的氛围，着力解决社会各界普遍关注的单身男女婚恋难问题"。② 在诸如婚礼这样的仪式性场合，歌在其中扮演的角色也逐渐式微。在笔者参加过的婚礼中，往往是客人在晚饭后才会一起对歌，而不像传统的仪式，歌会伴随着整个仪式过程。

在俾嗟寨进行田野调查期间，一次笔者在一位退休教师家中与寨中几位长者一同用餐，酒过数巡后，大家唱起当年玩山的歌。这时这位老师的一位兄弟推门而入，他本来也在受邀之列，却没有来，因为他爱好清静，不喜这种嘈杂的饮酒场面。这位老人家的突然到来显然是受到了大家歌声的吸引，又唱到很晚才离去，足见歌在老一辈人心中的分量。席间，这位老师说他打算来个"文艺复兴"，在子女结婚的时候就按照这个锹家的礼节来搞。他们说，现

---

① 《2016 年俾嗟春节活动策划书》，http：//364879.108cun.com/article902455，最后检索时间：2019 年 3 月 31 日。

② 《2016 年俾嗟春节活动策划书》，http：//364879.108cun.com/article902455，最后检索时间：2019 年 3 月 31 日。

在结亲就和苗族、侗族、客家，所以很多时候唱歌都是唱这个客歌，还提到在一九八几年的时候，某某就搞过一次依照三锹礼节的婚礼。他们还讲道，如果以后过年搞活动，这些年轻人不搞球赛的话还是搞这个踩歌堂。或许，在这些青年人的关注之下，"文艺复兴"来日可期。

小　结

地方社会的组织与联系在不同地域社会和时间脉络下常常通过不同的方式展现出来。施坚雅突破行政区域的局限，在对川西平原的研究中发展出市场体系的概念，探讨小农社会如何整合起来。[①]台湾汉人社会的研究者发展出了祭祀圈的概念，通过民间信仰的组织与活动来探讨移民社会中聚落组织的阶层性。[②] 郑振满对江口平原的神庙祭典组织的研究中，将其放置在明清地方社会变迁的总体趋势之中，讨论地方社会的组织形式与权力运作。[③] 在清水江流域的三锹村寨中，并没有此类明显的由信仰及其仪式所反映的人群联系，但我们依然可以发现其特有的地方社会组织形式。

清水江流域的三锹人的结群方式，与其移民至此的原因有着很大的关系。在新的环境开山辟地的过程中，三锹人为了与其他人群进行资源竞争，借由地缘的联系而盟神合款，并将款约勒于石碑。

① William Skinner, "Marketing and Social Structure in Rural China", Parts I, II, and III, *Journal of Asian Studies* 24, 1 (Nov. 1964): 3 – 44; 24, 2 (Feb. 1965): 195 – 228; 24, 3 (May 1965): 363 – 399.

② 施振民：《祭祀圈与社会组织——彰化平原聚落发展模式的探讨》，台北《中央研究院民族学研究所集刊》第 36 期，1973 年。林美容：《由祭祀圈到信仰圈——台湾民间社会的构成与发展》，《中国海洋发展史论文集》第 3 辑，台北：中研院三民主义研究所，1988，第 95～125 页。

③ 郑振满：《神庙祭典与社区发展模式——莆田江口平原的例证》，《史林》1995 年第 1 期。

苗疆村寨之间的此种联盟广泛见于宋代以来的各种文人笔记之中，其间我们也可以看到在清王朝国家权力进入这一区域之后，对地方传统社会组织的改造与利用。

村寨间的联系也体现在其他方面，如以三锹人内部通婚的方式维系着族群的边界。村寨之间的芦笙场或歌场则是村寨间联盟关系的实在体现，以特有的芦笙调或歌调彰显与其他人群的差异。随着社会的变迁，村寨间原有的资源竞争模式已经改变，通婚圈的范围也在逐渐扩大。经历社会变革的洗礼以及歌者的老去，笙歌渐响渐远，但或许会在新的社会脉络中以文化展演的方式重生。

第五章 "江西无锹族"：认同建构中的悖论与逻辑

　　一九八六年，丙寅初春，有我祖之苗裔子孙潘昌仁、潘昌海兄弟二人，倡提主持恢复我宗祖苗族根本，正本清源，得到培寨、敦寨众族全力拥助。历经年超花甲老人潘昌炜等人，翻山越岭，饥饱餐食，往返徒步数百余里之地，喜得湖南靖县三锹族同宗之证明，找到祖宗之根源。急召众族商议，即刻挥笔上秉县政府民委批复为苗族，心甜蜂乳，历时百余日。一九八六年，于丙寅年二月初七日，计有一千七百余人团聚于培寨祠堂小学，举行庆祝大会。来自四面八方十余处的家族及机关厂矿领导和党政要人前来祝贺。而后意留各地吾族代表，商议我祖谱牒一事。①

　　这是岑梧寨一位潘姓老人收藏的《潘氏族谱》中的一个片段。20 世纪 80 年代，清水江流域掀起了一股新修族谱的热潮，一部新谱的编修往往由多个村寨，甚至数十个县的同姓人参与其中，这期间制作的谱牒卷帙浩繁。与这股编修族谱的热潮同时进行的是在黎平、锦屏两县三锹人中开展的民族识别，到 1984 年这一工作宣告结束，三锹人被要求按自身意愿以"侗族"或"苗族"登记民族身份，而修谱热则一直延续下来。

---

　　① 锦屏县岑梧寨《潘氏族谱·续修序》。

146

2006 年的夏天，我第一次来到岑梧寨，也是初次进行田野调查，在安顿下来后便有模有样地做起"进村找庙、进庙找碑"的工作。不过，当时寨子里还没有通常意义上的"庙"，碑也没有几块，面对大量一知半解的契约文书和单调重复的乡村生活，我急切地盼望更多类型的文献来拯救我的田野调查与毕业论文。当一位潘姓老人告诉我他家里有一大箱子族谱的时候，我这个懵懵懂懂的田野学徒的双眼应该是发出了一束能够洞穿清水江三百年往昔的光。当老先生慢慢打开尘封的木箱时，这束光消失了。大木箱里面整整齐齐地码放着十卷本的族谱，新得像是昨天才印制出来。彼时只是一心想找寻系统丰富的"历史"文献，还没有去思考各类文本生成的时空脉络与社会机制，这些新修的族谱在当时的我看来似乎并不大能派上用场，更何况岑梧寨上的潘姓族人并没有直接参与到这部族谱的编修当中。

事情当然不是这样。这部族谱的编修有湘黔两省十多个县的潘姓人参与其中，如此大范围人群参与的内在动力与动员机制，不同区域人群的谱系与声音在同一部族谱中的调适与表达，都是需要思考的问题。族谱编修的主事者为了恢复苗族身份到靖州三锹"锹族同宗"寻找祖宗之根源，在恢复苗族身份的庆祝大会后决定编修族谱，谱序中写道："为谋生计由江西吉安府迁居山东青州府，后迁居湘黔两省各地。"这些在外部的观察者看来充满矛盾的行为和叙述，在主其事者眼中都是极其自然的，其背后的逻辑何在？

一 从"锹家"到"锹族"：民族识别与三锹认同

中华人民共和国成立之后，对于民族工作相当重视，把握少数民族的社会性质与进行民族识别成为一项重要工作。因为在当时看来，摸清不同少数民族地区所处的社会发展阶段，以便实施社会主义改革；而民族识别则是建立一个民族平等的多民族国家的必然要

求。为了弄清国内共有哪些民族，我国于 1953 年开始了前后达 30
多年的民族识别工程，当时汇总登记的族称据称有 400 多个，"三
锹人"自然也是这 400 多个待识别族称之一。[①] 从 1965 年起，贵
州省主要对"革兜"等未识别民族进行调查，其间也对"三锹"
"木佬""东家"等人群进行了初步的了解。[②] 1981 年在贵阳召开
了贵州省民族识别工作座谈会，"三锹人"被认定为贵州省 23 个
待识别族称之一。对"三锹人"的民族识别工作也随后展开。

对于"三锹人"的族属调查主要由当时的黎平县民族事务委
员会负责。岑梧寨陆大智曾参加过 1984 年的调查工作与相关会议，
虽然已经作古，但当年他参与调查和参加会议的相关文字材料完整
地保留了下来。这些材料整齐地叠在一起，完好无损地与一些契约
文书和家庭文件一同放在一个上锁的木箱内，与"三锹人"相关
的材料包括《贵州省三锹人族属问题调查汇报会纪要》《三锹人族
属问题调查汇报会议名册》《三锹人族属的调查报告》《参加三锹
人族属调查组人员名单》《三锹人族属问题科学讨论会日程表》，
作为调查指导理论的文章《关于贵州族别研究中的几个问题》[③]，
以及当事人在会议期间所作的详细记录，黎平县民委为其开具的调
查介绍信，请求县民委对其调查期间开支结账的申请等。通过这些
材料，我们可以从三锹人参与者的视角窥探"三锹人"族属调查
的展开过程和相关细节。

1981 年贵州省召开了民族识别座谈会之后，对于三锹人的族
属调查也旋即展开。该年 8 月与次年，黎平县政协副主席潘光植率
先与黎平县民委工作人员赴该县岑踅、平底两个寨子召集三锹老人

---

① 费孝通：《我国的民族识别》，《中国社会科学》1980 年第 1 期。

② 张正东：《关于贵州族别研究中的几个问题》，《贵州民族学院学报》1981 年总
第 1 期。

③ 该文参见张正东《关于贵州族别研究中的几个问题》，《贵州民族学院学报》
1981 年总第 1 期。

举行座谈会。1983年，黎平县委和民委又组织三人进行调查工作，此间调查范围扩大到了锦屏县和湖南靖县三锹、藕团两乡，并查阅《黎平府志》《靖州乡土志》等地方志，寻找与三锹人有关的碑铭等文献材料。

对于"三锹人"的民族识别来说，1984年应该是最关键的一年。这一年年初，在俾嗟寨水塘中打捞出了乾隆年间的三锹合款碑。4月在黎平县召开了三锹人族属问题调查汇报会，与会者除了黎平县政府相关人员和黎平、锦屏两县的三锹人代表外，还有贵州省民族事务委员会民族识别办公室主任等人。这次会议并没有盖棺定论，而是要求在这一年5月底之前再进行一次调查，并撰写出综合性的调查报告。对调查报告的内容也作了要求，这个综合性的调查报告应附有关于基本情况、语言、历史、文化特征、经济生活、民族意识这几个方面内容的附件。同时还计划在该年6月底举行"三锹人族属问题科学讨论会"。

随后的工作即依照这次会议的部署展开，虽然在这次会议中强调了要抓紧工作，以"配合今后各方面工作的需要"，但各项工作还是比计划慢了一拍。这次会议之后的调查人员共有三人：黎平县尚重区区公所工作员吴炳和、林业站站长潘昌本、锦屏县岑梧大队队长陆大智。从陆大智保留的数封黎平县民委为其开具的介绍信来看，他们去过的地方包括锦屏县启蒙区胜利、固本、文斗、地茶、裕河等乡，以及湖南靖县三锹乡、藕团乡、平茶乡等地。在向县民委汇报情况的工作总结中，陆大智回顾了参与调查的过程。

敬爱的县民委领导同志：

我受县民委的委托参加黎锦两县组成的"三锹人"族属识别调查组以来，"内查外调"近两个多月的时间了，在这么久的时间里，没有把我的工作情况向领导们作汇报，敬请上级领导原谅。我们已按省民委在黎平县召开三锹人族属座谈会纪要，执行基本完成，现我把情况向我民委领导简单的汇报如下：

于四月份十四日开始集中黎平县民委办公室学习有关民族识别的文件，统一思想，由黎平县民委布置和安排了工作。第一步，走苗寨、串锹乡、搞内查，决定在黎平岑趸（锹族集中点）召开锹族各寨老人座谈会，收集基本材料。到会人数十八人，会期四天，共去来八天，这样搞内查，接着搞外调。

第二步，决定还要外出调查。接着在五月中旬就下湖南靖县调查族源问题。到靖县的三锹、平茶、藕团等乡进行了实地调查，回来就放了半个月的假栽秧。栽完秧后集中力量岑趸寨写出综合性的报告，正文约四千余字，及五个部分的附件大约一万多字，由他俩带回黎平县民委修改打成正文，上报下发。所以我就回家后参加本地的换届选举工作。

大约的基本情况就这样，因本人水平有限，望我县民委领导多多原谅。

参加识别三锹族属工作员　陆大智
1984 年 6 月 30 日

这次调查于当年 5 月底结束，其后调查人员集中在岑趸寨撰写了《三锹人族属的调查报告》并提交给黎平县民委，这份报告包括前言、族称及族源、饮食、音乐舞蹈、婚姻、丧事、节庆、经济生活这几个部分。在对这些事项进行描述后，于报告末得出结论："对此，我们认为，对'三锹人'应当予以承认为单一民族，列入中华民族之林。"

这份报告出炉之后，同年 11 月底在黎平县召开了三锹人族属识别讨论会。会议围绕《三锹人族属的调查报告》展开，根据调查报告中提供的材料和相关描述，讨论是否满足构成一个单一民族的条件。这次会议的参与者有贵州省民委民族识别办公室主任，黔东南州民族研究所的一位工作人员，黎平县副县长，县民委正副主任、县政协副主席、县政府办公室主任，以及来自锦屏、黎平两县的三锹人代表7人，共13人。会议伊始，贵州省民委民族识别办公室主任便提出了对这份报告的看法，陆大智在其会议笔记中记录道：

84.11.28 下午

省民族识别办主任龙明耀讲：

识别民族是多学科的一项研究工作，是一项严肃的政治任务。如果经专家和科学鉴定，上级承认我们为单一民族，当然各级党和政府，以及本民族人民都是一件非常高兴的事。

但根据八四年七月二十五日黎平县"三锹人"族源调查工作组和黎平县民委上报的"调查报告"看，这个报告报州、省以后，省民委、民族学院、大学历史系等十多位专家专门研究该民族，省里认为依据不足，报国务院没有把握，有六点看法：

1. 语言　是属一种古汉语，不是单一语言；

2. 风俗　煮糊米茶不单是三锹人煮，侗苗族人也煮；

3. 族源　民间流传的"三个撬猪佬"是民间传说，带有神话性质，无科学依据；

4. 靖州志记载是事实，黎平府志、贵州志等的记载不等于民族的依据，特别是族源以三个撬猪佬就定为一个族别，这样不符合科学；

5. 从江西来的说法，经了解江西无锹族；

6. 关于古碑的问题，只是源于民族婚姻的改革，还有就是民族自身团结，同舟共济……

没有把民族的个性、特殊性弄清楚，就不能说服是不是单一少数民族。

确定一个人们共同体的民族成分，首先必须服从科学，其次要服从政策，科学结论是前提，上报国务院审批才是取得合法的程序。①

龙明耀的讲话从报告中叙述的事实出发，有理有据，《三锹人族属的调查报告》中关于语言、族源、风俗等特征的描述被逐个否定作为一个单一民族的依据。就语言来说，调查报告中也提到，"过去'三锹人'不会说汉话，但为了适应环境，逐步学会讲汉话、侗话、苗语。他们与汉人、苗人、侗人交往，语言方面都能应用自如"。作为曾经迁徙靡常的山地族群，在与不同人群的交往中习得多种语言。龙明耀认为"是属一种古汉语"的应该是指的酸汤话，而不同的三锹寨子往往以其中某种语言为主。单从这一点判断，当然不构成一个"单一民族"的条件，从其他几条意见单独判断也是同样的结果。

另一位来自州民研所的发言者则强调这是"一项严肃的政治任务"，所以其过程必须符合"科学"。他指出：

民族识别是根据斯大林关于四个特征的定义来识别的，用这四个特征，根据历史发展的情况，用实事求是来说话。

各民族都有它独特的地方，现在"三锹人"这个调查报告，事实不足，材料不够充分。

每一个单一民族要在民族之林中树立起一面旗帜，就必须在四个特征上体现出来，证据要做到驳不倒，推不翻，才能向中央报。

其实，在国家民委提出的指导思想中，已经指出，"不能简单地照搬现代民族的四个特征为民族识别的唯一标准"，以斯大

---

① 岑梧寨陆大智先生参加 1984 年 11 月召开的三锹人族属讨论会的会议笔记。

林提出的特征为依据的同时，要结合历史和民族关系进行全面的考察。① 但山地族群的迁徙不定，组织的灵活性与认同的多变性，无论从哪一方面考察都难以得出坚实的结论。

两位的发言为会议定下的基调，使参与调查的成员倍感压力，陆大智也记录下了他们的发言：

> 84.11.29 上午
>
> 调查组的同志讲：
>
> 对识别"三锹"是单一民族还是其他民族的问题，上级很重视，调查工作已断断续续做了三年时间。……我们由于文化问题，总结不出来，写不出来，感到心有余力不足，有愧于本民族人民的期望。大家认为我族几百年以来像无父母一样，到底是源于哪一族，没能弄清，文字也查不到，谱也找不着，现在要查这个历史有困难，还需要时间和精力。……

接着，时任黎平县政协副主席潘光植讲道：

> 这个族悬挂了三十五年了，过去不知道，八〇年从省开会回来后才清楚有必要识别，过去只讲民族大团结，我们没引起注意。……但是现在听了龙主任和吴培茂同志这样一说，又听了调查报告，认为确实是缺乏说服力，这怪不了谁，只是因为我们对这个工作是生疏的，没有经验，更重要的问题是这个民族本身没有历史记载，没有文字，同时这些人来的不多，人数也少，语言、文字、着装都在仿效进步民族，没有独特的创造。在历史上，我们三锹人都是扛短工、打长活过日子的。仅仅只有潘本闻这个人当过一届伪保长，因此给调查组的同志带

---

① 《关于民族识别工作的几点意见》，《贵州民族识别资料集》第 1 集，第 4 页。

来工作上很大的困难。我们去访问过很多的老人也并不清楚锹族是怎么形成的，弄不清祖先是谁，不知道源于哪一族。……这些均无文字记载，只是传说，一代传给一代人的。若否定了历史，就是背叛了历史，也就是民族的败类，属于变种。……在抗美援朝时入伍的人均是填"三锹族"，在国民党时的税票上都是写"三锹人"。有两点建议：一、有继续识别的必要；二、时间和精力上允不允许再进行，如允许可组织多民族的调查组进行鉴别，如不允许只有留给我们的后代去考定了。

在三锹寨子岑巩出生成长的潘光植，组织并参加了 80 年代最初的两次"三锹人"调查活动。他的发言表达了三锹人精英的态度，但其中一段话值得我们思考，"这个族悬挂了三十五年了，过去不知道，八〇年从省开会回来后才清楚有必要识别，过去只讲民族大团结，我们没引起注意"。作为当时三锹人中为数不多的精英，在县政府工作的潘光植，在过去几十年中并不知道这个"族"，这似乎让人感到吃惊。但为什么他会讲"悬挂了三十五年"呢？我们可以推算，1984 年的 35 年之前刚好是 1949 年，对中国人民来说这是一个标志新旧社会更替的转折点。为什么又是"过去只讲民族大团结，我们没引起注意"，以至于"八〇年从省开会回来后才清楚有必要识别"？这反映了国家话语对人群认同所施加的影响。民族大团结的背后是国家认定的民族分类体系，对于黔东南来说当然指的是苗族、侗族与汉族这些已经确定的族称，在此影响下，当然不会对"三锹人"这一身份"引起注意"。而当"三锹人"被列入待识别族称之后，"三锹人"便被赋予了新的意义，也有可能如苗族、侗族一般在国家的民族分类体系中占有一席，因此"清楚有必要识别"。

潘光植虽然表达了继续识别的意愿，但在听取民委领导和民研所专家的论证后，也意识到调查报告缺乏说服力，便不再执着于此。在这次会议的最后，贵州省民委民族识别办的龙明耀主任这样讲道："在未定名之前，愿报三锹的仍报三锹，讲苗话的可以报苗族，讲侗话的愿意报侗族的可以报侗族。"对于三锹人的民族识别工作至此便基本结束了，"截至1985年2月，贵州待识别族称只剩下8个，即龙家、易黄、绕家、木佬、蔡家、东家、革家、穿青"。①

对于不被承认为单一民族的识别结果，一般会出现两种反应：一是继续向国家"讨价还价"；二是接受国家赋予的族称，并以此进行文化模仿或创造。但无论采取哪种态度，其身份认同都将受此影响。对于"三锹人"来说，民族识别的结果使他们丧失了继续诉求的通道，"三锹人"不得不接受或利用"苗族""侗族"的身份，而同时也有人在此影响下被唤醒并维系"锹族"的认同，以"锹族"自居。因而在地方社会中，我们会听到表述身份时呈现的多元的、流动的声音。

一次王宗勋带我去岑梧，途中路过平略镇政府，一位干部对我们不解地问道："三锹？岑梧不是苗族吗？我记得岑梧是苗族。"岑梧村归属平略镇管辖，这位干部也在任多年，且常常去村里指导工作，之前并不知道岑梧是三锹人并不意味着他不体察民情，因为在与岑梧相邻的华洞寨的人也存在这样的印象。笔者在岑梧时曾住在陆秀植家中，他的大女儿数年前出嫁到华洞，笔者曾和他一起去华洞他女婿家。其间与华洞一位老者谈话时，他这样讲道："他们岑梧的都还是苗族，纯粹的苗族，这么大（将手放到近一米处）的仔都能讲苗话。我都不会讲苗话了，背叛了苗族（笑），我父亲在我九岁、十岁的时候就死了，我母亲是侗族，讲一些侗话。"②不仅周边寨子的人对岑梧人的"三锹人"这一身份不熟悉，就连在岑梧寨子长大的一位年轻人也讲道："我们

① 黄光学主编《中国的民族识别》，民族出版社，1995，第222页。
② 访谈自华洞寨子一位姜姓老人，2006年8月5日。

那里是三锹人。不过我都没晓得，我还一直以为是苗族，身份证上就是苗族。"

　　"三锹"或"锹族"的称谓有时也与苗族的身份相提并论，陆秀裕在《岑梧民情》一篇的开头写道："讲苗话的岑梧人，当然是苗族。苗则苗矣，但他在民情上，奉行的却是'三锹礼'。"① 从中我们可以看出作者将"三锹人"看作具有一定文化差异的"苗族"，"三锹人"与"苗族"这两种身份在此并不矛盾。但对于"苗族"这一身份，村民们的感受往往不尽相同。一位受访者称："现在的民族只有 56 个，没有我们三锹这个族，只有苗族和侗族可以选，就只好填苗族了。"② 另一位访谈者则告诉笔者，他儿子在中学念书，因为是苗族就可以减免一部分学杂费，每学期还有一些补助，所以被识别为"三锹族"还是苗族，都差不多。

　　另外，笔者还注意到在一些文献中对村民身份的登记存在苗、侗混用的情况。岑梧村委保管的数十份山林纠纷契约中，多为法院判决书，上面对人的族属等身份都有详细登记。在 1982 年平略区公所关于岑梧村与寨早村的山林纠纷的调解书上，注明时任村支书的陆宪基为侗族，而在 1994 年的一份有关山场纠纷的县法院行政判决书上则注明该人为苗族。1982 年之前，对"三锹人"的族属调查尚未影响到岑梧，而 1984 年之后，因苗语是岑梧人主要使用的语言，所以这里的"三锹人"被识别为苗族。"苗族""侗族"身份的这种混用似乎反映了当事人将其作为一种行事所需的工具。但在俾嗟寨子，笔者看到寨子中的小学的家庭人口登记册上，依然将本寨子或来自三锹村寨的人的民族身份写作"撬族"，但他们也告诉笔者，去乡政府办身份证等证件不得不选择苗族或侗族，因为国家的户籍系统里面并没有"撬族"。

---

① 　陆秀裕：《岑梧民情》，《岑梧村史》，手稿。
② 　访谈自岑梧寨陆秀崇先生，2006 年 7 月 16 日。

正如有学者指出，所有的族群问题都是地方性的问题，个人在当地社区的脉络中行动；另外，在当代民族-国家的背景下，族群问题又不仅是一个地方性的问题，因为人们所从属的群体往往由国家话语所决定，个人的行动也受国家与地方的互动形塑。① "三锹"与"锹族"这两个称呼的差异，反映了国家的人群分类体系对"三锹人"原有人群分类体系的改造，这是在新中国成立几十年来国家民族政策实施的过程中逐渐形成的，"三锹人"族属的识别是其顶点，清水江流域开发背景下所形成的"三锹人"认同被放置到了现代国家的民族话语体系之中。这一过程的结局之一是"苗族"或"侗族"的族称被村民逐渐接受，从"三锹"到"锹族"再到"苗族"或"侗族"，是国家话语转变与地方社会变迁共同作用的结果。

而在与年轻一代的交谈中，笔者发现，他们大多对自己"三锹人"的身份并不关心。在田野调查期间，笔者与一些中小学生亦有过接触。他们从村里小学毕业以后，便进入镇里的中学念书，在学校里与同学们交流都是使用汉语，而他们也表示并没有感到民族成分的差异给同学之间的关系带来任何影响。另外，近年来大多数人外出打工、求学，与外部世界的接触增多，也必然对其认同体系产生影响。

同时我们也注意到，在这些要求被识别为"锹族"的三锹人的"老家"湖南靖州三锹乡，当地不但将其民歌以"苗族歌鼟"之名申报为国家非物质文化遗产，同时也在大力打造"中国花苗之乡"为吸引点的文化及旅游事业，在县城通往这里的公路旁竖着地笋寨"千年苗寨"的巨幅广告牌。我们今天依然可以看到黔东南的三锹人与靖州锹里人在生活习俗等方面具有极高的相似性，

---

① Steven Harrell, *Ways of Being Ethnic in Southwest China*, Seattle and London: University of Washington Press, 2001.

而这一人群为了被识别为单一民族也曾赴锹里各地搜寻相关证明材料。但在锹里一带，却很少听到要求自身被识别为单一民族"锹族"的声音，人们都以"苗族"或"侗族"自居，并不觉得有何不妥之处。两地形成如此不一样的认同意识，一方面是黔东南的三锹人一直处于移民社会的环境中，对于不同人群之间的差异更为敏感；另一方面，两地虽相隔不是太远，但从属于不同行政单位，在地方政府主导民族识别以及文化产业的情形下，两地呈现迥然不同的特征。

二　族谱书写与认同建构

在清水江下游一带，基本上每户人家的堂屋中均供奉有一个神龛，上书"天地君亲师"或"天地国亲师"等语。这种红色的神龛宽约1米，长则1米有余，多为木制，不少人家亦以纸或其他材料制作，中间用金色或黑色颜料书写"天地君亲师位"，两旁则用稍小一些的字体写着"×氏宗祖，普同供养"等。神龛两边往往还会挂着一副或两副对联，多为宣扬祖先功德或尊宗敬祖等。如岑梧寨子中一户陆姓人家的牌位旁边有一副对联写道，"鹿洞水源泽流远，鹅湖木本枝茂长"，并在上面挂着"怀橘堂"这样的堂号；在另一户陆姓人家的堂屋内亦贴着"鹅湖源流"四个大字。

在各个姓氏的族谱之中，我们往往可以看到大量类似的话语。同样以岑梧寨子为例，寨中陆、潘、吴、龙四个家族皆有族谱，陆氏族谱共有两个版本，前者修于1988年，后者修于1999年，除陆氏家族1988年所修的族谱外，陆氏家族1999年的族谱与其他三个家族的谱本都不是由他们自己发起修撰。时任岑梧村委书记和村主任的陆秀崇与陆宪基为编修1988年《陆氏族谱》的首倡者，并联合湖南靖州与贵州锦屏、黎平两县的其他13个村寨，在各寨选取数人为募捐人，岑梧寨中的13名募捐者皆为各房族中的长房或有影响力者。各村陆氏家族派出代表于是年九月初九聚于岑梧，后由岑梧的陆秀锦与湖南靖州地交的陆顺友主笔完成。[①] 参与修撰 1999年《陆氏族谱》的陆姓人来自湘黔八县，编修工作在天柱巴州陆氏宗祠内进行，岑梧的陆氏家族亦参与其中，但并不是作为组织者。其他几姓家中所存族谱则是由修谱组织者向其收集材料，修成之后再通知去领谱。一位吴姓老人告诉笔者："吴家的谱是修谱的人通知，我们自己出钱，出路费，生活费去领（谱），误工就不用算了，几天也误不了哪样工，九户人共交 400 多块。"[②]

各家族的族谱繁简不一，多者十余卷，寡者仅一册，虽由不同的人编写完成，但这些族谱在结构、体例乃至文风方面都大体一致。1988 年由岑梧陆氏家族发起编修的《陆氏族谱》仅一册，200 余页，内容包括"陆氏源流"、"江西陆氏家乘序"、"陆氏总序"、"陆机刊序"、"陆氏字派"、"陆氏名人录"、"族规"、"修谱经过"、世系、各支世系等；1999 年由天柱巴州陆氏主持编修的《陆氏族谱》中则增加了祖先画像、丧服图、圣谕广训序、凡例、数篇序言、捐款芳名录以及更多支系的世系，实则大同小异。另外三家的族谱由于参与编修的人群范围更大，族谱内容也更为丰富。以其中的《潘氏族谱》为例，该谱共有十卷，放置在一个上书"荥阳世第、花县遗风"的红色木箱中，第一卷为"序言"，包括"续修谱前言"、"续修谱序"、"朱夫子治家格言"、祭祀仪式、丧服图、"家规"、"谱例"、"源流序"、"字派引"、"宗谱杂记"、多篇家乘序及参编者所写序言、赠序、诗文等；第二卷为"瓜藤总谱"与"山脉地形基墓图"；后八卷则为湘黔两省九县各支的世系。[③]

---

① 锦屏县岑梧寨《陆氏族谱》，1988。
② 访谈自岑梧寨吴美坤，2006 年 8 月 6 日。
③ 锦屏县岑梧寨《潘氏族谱》。

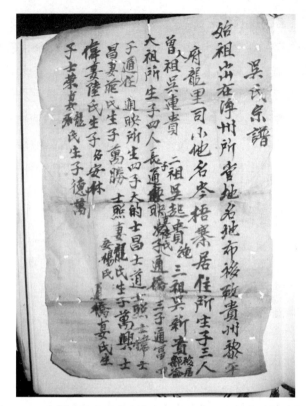

图 5 – 1　岑梧寨吴氏族谱中夹有一张写着"吴氏宗谱"的故纸

图 5 – 2　新修的《潘氏族谱》

　　笔者在附近的其他几个村寨中所收集的族谱都呈现相同的体裁，在黔东南其他少数民族聚居地亦是如此，这与整个华文世界编撰族谱的传统与规范有关。① 自宋、明以来"礼下庶人"，书写族谱的传统及其相应的体裁逐渐确立，士大夫借此以修建宗祠、规范地方礼仪等方式，以期在地方建立与国家正统相联系的社会秩序。② 清水江流域这一"化外"之地因清雍正年间开辟"新疆"而被纳入王朝治内，王朝的规范和汉文字也逐渐被地方社会普遍接受，国家政治和文化权力对地方社会的影响使创造宗族、修撰族谱在地方兴起。③

　　刘志伟通过对广东数个家族的族谱文本进行分析后指出，这些族谱"显示了明清族谱其实融合了两个不同传统，一是基于祖先崇拜观念的民间口头流传的祖先系谱叙述的传统，二是基于宋明理学家极力建立的宗法观念，以敬宗睦族达致明宗法、序昭穆目的的成为族谱传统"。④ 简美玲对贵州省台江县一个苗族村庄中刘氏家族的族谱进行分析后发现，这部族谱的书写中"至少有两类'书写元素'被运作。一类是'汉字故事'、'汉的家谱体例'，与汉文化、道德、意识形态紧密联系的要素"，另一类则是"自由汉字"构成的"苗泾浜"所体现的"苗"的认同。⑤

　　在岑梧寨子各家族的族谱中我们也能发现口述传统与士大夫传统这两者的痕迹，其在体例、文风上所呈现的相似性便体现了对士

---

① 简美玲：《汉语、苗泾浜、汶类——贵州苗人家谱的混声与界线》，《历史人类学学刊》2006 年第 2 期。

② 科大卫、刘志伟：《宗族与地方社会的国家认同——明清华南地区宗族发展的意识形态基础》，《历史研究》2000 年第 3 期。

③ 张应强：《木材之流动——清水江下游地区的市场、权力与社会》，第 276～278 页。

④ 刘志伟：《族谱与文化认同——广东族谱中的口述传统》，《中华谱牒研究》，第 40 页。

⑤ 简美玲：《汉语、苗泾浜、汶类——贵州苗人家谱的混声与界线》，《历史人类学学刊》2006 年第 2 期。

大夫书写传统的实践或无意识模仿。① 在各家族族谱的序言中，都宣称修谱的目的是正本清源、敬宗睦族。岑梧《陆氏族谱》中写道："凡族远近迁住市远山居，富贵贫贱，是我同支同族之后裔，务要收族入祠、记谱，免作荒之族，久不教化，闷作化外之族，宜急登祠记之可也。"② 为了表明本族与"化外之族"的区别，各家族族谱首先都将其源流追溯至商周乃至黄帝时代，而各家族族谱前援引多篇标明为汉朝或唐宋等时期所作的谱序则为这一自上古时代以来的世系作了很好的注解。将上古以来的谱系与今天联系起来的则是迁入贵州的始祖，各氏族谱多有记载，如《龙氏族谱》有云：

> 我司始祖自江西省永新太和县到湖南的绥宁县东山乡，后迁会同岩壁村，至汝一公第三子颜弼字政忠，后由岩壁迁往现在的锦屏县亮司村定居，各分支公，又由亮司迁徙各地。
>
> 吾支始祖颜弼，字政忠公。洪武初年，率兵黔东，清江平反，进攻铜关铁寨，大战白岩塘一带。③

岑梧其他三姓的族谱中也提到其先祖由江西吉安府一带迁入贵州。一位陆姓老人告诉笔者，过去锦屏一带的人有时还互相称呼为"江西老表"，盖因先祖皆由赣入黔。④ 然而，入黔始祖与今日人群

① 对于"士大夫传统"的实践或模仿还体现在一些仪式之中，笔者在田野调查期间参加过一次葬礼，葬礼仪式被称作"堂祭三献礼"，持续三日，其间包括道士读《论语》、《大学》、文天祥《正气歌》等，当时主持仪式的道士来自平鳌寨，村中亦有人称岑梧是在平鳌的影响之下而采用此仪式。对于该仪式的描述与分析，参见彭泽元、向正沛、龙立厚《古苗寨平鳌考》，2005；陈晓毅：《儒家乎？儒教乎？——苗疆"堂祭三献礼"的宗教人类学研究》，《中山大学学报》（社会科学版）2003 年第 6 期。
② 原文如此，标点为笔者所加，见《合族公议禁示》，锦屏县岑梧寨《陆氏族谱》，1988。
③ 岑梧寨《龙氏族谱》。
④ 访谈自岑梧寨子陆秀裕先生，2006 年 7 月。

所能记忆的谱系间有许多断裂之处，族谱编撰者对此并不避讳，并试图通过考证弥补这些断裂。前述《龙氏族谱》亦有云：

> 前谱有可疑之处很多，各届记载不一，又有前届民国十三年家谍上报黎平府长官司宗支图册，记有志诚生五子：永福、永寿、永康、永宁、永清，而前几次老谱本和老家岩壁谱、东山谱都未有记载，又永贵在叙言，序文和其他记载都未见永贵之名，这次予以补记。

《潘氏族谱》对于其入黔始祖以来的世系也没有很明晰的记载：

> 德、道二公为七十九世祖，其本支由来不忘先祖遗有其传，发迹于江西吉安府，唯德公子孙由江西散居中华各地州县，故十代人发千千万万之多，其德公后裔由三阴曲屯迁入贵州黎平阳团居住，开辟门阁，至今数十余年代矣。

编撰者继而指出："此次续修，尚有美中不足，因历时日之谱牒遗失等故，或本末失考，或根枝未全，希后代孝子贤孙继而补之，以趋完善而利后裔焉。"[1] 在其他两家的族谱中也是这样的情形，如《陆氏族谱》中将黄帝至陆贾的世系定为上古代谱，陆烈至入黔始祖为古代谱，入黔之后则为近代谱和现代谱。[2] 其古代谱与近代谱之间亦多有不明之处，因而我们可以看到在修成的族谱之中有多处对世系进行涂改的地方。[3]

---

[1] 锦屏县岑梧寨《潘氏族谱·续修序》，《潘氏族谱·续修家谱前言》。
[2] 锦屏县岑梧寨《陆氏族谱·巴州陆氏宗祠续修族谱序》，1999。
[3] 锦屏县岑梧寨《陆氏族谱》，1988。

在岑梧各家族的族谱中,除了对远祖世系的考订与依附之外,尚有大量的口头传说穿插其中,《陆氏族谱》中记载了其先祖兄弟四人因纵火伤人而逃散,以及其中一人迁入贵州后的生活;笔者在华洞寨搜集到的《姜氏宗族谱》中亦有这类故事。刘志伟基于广东族谱的研究表明:

> 明清广东许多地方家族编修族谱的时候,并不简单地只是把口述的传说用文字记录下来,也不只是按照宋明理学家的模式去编修家谱,他们在把本地的口述传统和士大夫的书写传统揉和起来,通过附会远代祖先,把口传的祖先系谱与按照书写传统建立起来的系谱连接起来。为了把家族世系向前推衍,并附会历史上的名人世族,需要通过"考据订正",重新编造出能够把近世和远代世系连接起来的世系。透过族谱中的祖先世系的记录,我们可以看到地方社会文化认同的一种表达方式,就是用一种不合乎士大夫的价值和规范的行为,去建立以士大夫文化为指向的地方社会的国家认同。①

岑梧村各家族这些修成于 20 世纪末的族谱不仅反映了"以士大夫文化为指向的地方社会的国家认同",我们从中也可以发现,在新中国成立之后所形成的新的社会文化脉络之下,人们往往借用新的一套话语来宣扬其行为的正统性与规范性。以《陆氏族谱》"家规家约"为例:

> 古往今来,国有国法,家有家规。为了教育族人遵纪守法,同心同德搞好两个文明建设,特订立本族约。

---

① 刘志伟:《族谱与文化认同——广东族谱中的口述传统》,《中华谱牒研究》,第 41 页。

第一条　本族约是在国家政策和法律范围内制定的，他是维护社会安定团结的补充部分，受法律保护，希望全族人共同遵守，不准违犯。①

岑梧陆氏家族"九家公"房支在1982年集资重修"九家公"之墓时，所制碑文亦以"值兹波澜壮阔的共产主义社会建设，我们也随着拥入高潮，生活物资相继上涨，众族公议重修祖先莹墓"这样的句子开头。② 其时，社会有所开放，为了赋予这些活动以合法性或正统性，因而采取这样的叙述方式，并从中展现出当下的国家认同。

在对黔东台江县某苗族村寨的一份族谱进行分析后，简美玲认为在强势的汉文书写中，苗族地方精英以一种隐微、曲折的方式来体现"苗"的主题性。岑梧的一部分族谱却呈现另一种景观，虽然仍是遵从士大夫的族谱编写规范，"苗"的身份在族谱中直接、有力地展现出来。《龙氏族谱》中附有一篇《关于亮司恢复苗族略记》以及同意亮司恢复民族成分的《锦屏县民族事务委员会文件》。③《潘氏族谱》亦提到："一九八六年二月，锦屏县培寨村潘氏家族在州县区各级领导的关怀和重视下召开数千人恢复苗族庆祝大会。"④ 因为该《龙氏族谱》由亮司龙氏家族发起编修，而《潘氏族谱》亦由培寨潘氏家族主持，故他们在操作过程中掌握有更多的权力，得以将被政府承认为苗族这一对其来说具有重要意义的事件写入族谱之中。

然而，不论是在《龙氏族谱》还是《吴氏族谱》或《陆氏族谱》中，都没有"三锹人"的影子，虽然参与这三姓族谱编修的人有来自贵州锦屏、黎平及湖南靖州的三锹人聚居村寨，但是"三锹

①　锦屏县岑梧寨《陆氏族谱·家规家约》，1999。
②　陆秀裕：《远祖宗显公墓志重修记》，1982。
③　锦屏县岑梧寨《龙氏族谱·关于亮司恢复苗族略记》。
④　锦屏县岑梧寨《潘氏族谱·修谱前言》。

人"身份的认同并没有在其中体现出来。本章开篇介绍的敦寨潘氏编修族谱的缘起，则对此有所提及，但这里提到"三锹族"重点在于说明潘氏家族到靖州锹里寻找依据，以期政府恢复其"苗族"这一身份。当我们揣着了解"三锹人"的目的去村寨里面，访谈对象无疑会尽可能详尽提供三锹礼仪、风俗等内容以满足我们无休止的提问。然而当我们读到他们编写的"如国之有史"的家谱时，却不得不问，三锹人去了哪里？由在地方社会颇具影响力的亮司、敦寨这两个"苗族"村寨主导编修的族谱中没有展现三锹人的认同，自然在情理之中，但是由岑梧寨人自己主导编修的族谱同样如此。

家谱的编写逻辑体现了地方社会的国家认同，而80年代以来所修的这些族谱中出现的新的话语，亦反映了在新的社会脉络之下对于国家认同的调适。龙氏与潘氏族谱在建构"黄帝之后"的祖先记忆的同时，亦通过叙述"上秉政府恢复为苗族"的过程来强调自己"苗"的身份，这一方面是修谱主持者权力的体现，另一方面也反映了国家的民族话语对地方社会的影响。"三锹人"在谋求进入国家民族分类体系中失败的同时，其在地方社会中所维系的边界也逐渐消融，对于"锹族"的坚持也并不具有工具性的作用，所以不论是在岑梧陆氏主持修撰的族谱中，还是岑梧其他三个姓氏的族谱中，都难以见到"三锹人"的踪影。

小　结

新中国成立之后先后进行的各类林权改革，使人群对于山林的占有关系发生了重大的变化，寨子之间的人群关系也因此重新调整，在上一章的讨论中我们可以看到婚姻圈的变化，"近拒远交"的通婚模式不复存在。国家的民族话语也重新塑造了人群的族群意识。"三锹人"作为一个"未识别民族"，被相关方面组织进行民族识别的调查，在这之后村落中的人才明白"过去不知道，八〇年从省开会回来后才清楚有必要识别"。由此我们可以看到，国家话语对于地方人群的族群分类意识所产生的重要影响，其根源完全不同于借由地方资源竞争所形成的人群分类意识，因此对人们的社会生活所产生的影响也不尽相同。同时，在地方政府的不同行政意志主导下，原本具有文化联系的清水江三锹人与靖州锹里人在文化展演上呈现迥异的表述，前者将自己描述为迥异于苗、侗的"锹族"，后者则在努力建构"中国花苗之乡"。

同样是在这一时期，这一地区所兴起的大规模编修族谱的活动，打破族群和地域的界限，将不同村寨的同姓人群整合到一个规模庞大的谱系之中，并不断向上追溯谱系的源头。族谱的编修往往由某些村寨进行组织，而参与其中的其他一些村寨的声音则被掩盖。如我们可以看到岑梧潘氏参与的《潘氏族谱》，主修族谱的培寨潘姓将其恢复为苗族的身份这一事件放在族谱之中，而岑梧寨子的人却依然为其三锹的身份纠结。究其本质，都是要在国家的民族分类体系之中，为自身谋求一个特定的标签。虽然"三锹人"要求被识别为单一民族的计划并没有实现，但不论是主动接受"苗族"或"侗族"的民族身份，还是依然强调"三锹"的民族文化特色，都是在国家话语体系之下展开的。

在这一过程中我们可以看到，在民族识别调查材料或族谱等不同类型的文献之中，"三锹人"通过其叙事将周围人群与自身分隔开来，同时又不断与国家拉近关系，恰如其分地体现了华德英（Babara Ward）关于意识模型（conscious model）的讨论。① 民族识别与族谱编修中体现出来的看似矛盾的认同表达，其实质都反映了这一人群的国家认同。

---

① 关于意识模型的讨论，参见 Babara Ward, *Through Other Eyes：Essays in Understanding Conscious Models—Mostly in Hong Kong*, HK：The Chinese University Press, 1985。

结　语

　　吹笙同响，打锣同声，唱歌同音，踩堂同步。吹到哪里，
好到那里；唱到哪山，好到哪山。胜过客家，强过苗人。只许
锹人踩堂，不许外人强占。苗来苗死，客来客亡。

——三锹人踩堂誓词①

　　《三锹人族属的调查报告》中引用了这段三锹人踩芦笙堂时的
誓词，其来源与形成时间已无法考证，反映了三锹人在某一历史阶
段的社会组织、生计方式与族群关系。讲着不同语言、住在不同寨
子中的三锹人一度建立了村寨间的结盟关系，并以同踩芦笙堂、同
唱三锹歌等形式展现人群的紧密联系；"唱到哪山，好到哪山"呈
现了三锹人曾经游移不定的生存状态，在迁徙的过程中又与周遭的
不同人群冲突不断。誓词中的内容与三锹寨子中的其他传说故事、
当代知识分子的乡土写作及族谱编修中的种种叙事重叠、混杂、冲
突，这正是这一人群经历不同时期的社会变迁，不断添加而形成的
多重历史记忆。当这些多重的历史声音以共时态的形式展现，便呈
现充满矛盾的混沌状态。本书试图通过对三锹人自清初以来由迁徙
靡常到居有定向的历史过程进行重构，探究不同时期人群的生计方
式、结群关系以及认同表达，从而找出这些充满矛盾的声音背后的

---

　　① 《三锹人族属的调查报告》，1984 年 7 月。

逻辑，分析游离在国家力量边界内外的边缘人群，如何维持与国家之间的距离，并塑造出人群的自我认同。

在清王朝开辟"新疆"之前，一度对力量难以企及的苗疆腹地实行封禁政策，不允许汉人进入苗疆，亦不允许苗人进入内地。封禁政策并不能完全阻挡人群的自由流动，时有汉人不顾禁令进入苗疆，而苗疆内人群的流动则更为常见。清水江支流乌下江及八洋河流域的三锹人的先祖便是至迟在清康熙年间从靖州锹里迁入此处，靖州锹里的村寨与清水江腹地的崇山峻岭同样是这一人群迁徙的中转站。

至雍正朝开辟"新疆"，黔东南清水江流域被纳入王朝国家的直接统治之下，随着江道的疏通，清水江"两岸翼云承日"的木植得以"转运于江淮之间"，大范围的人工营林因应而生。对于清王朝来说，这是其刻意经营的结果；而对清水江沿河山地中言语殊异、服饰斑杂的人群来说，这一变迁深刻地改变了其生计方式、社会结构与人群关系。大批下游移民亦溯清水江蜂拥而至，以佃种山场谋生。

这一时期开始产生的大量民间文献可以帮助我们了解地方社会的变迁。在对边疆社会的研究中，往往会强调汉人移民给地方社会带来的影响，抑或是强调地方社会自身的反应，而通过三锹人这一人群我们可以更清楚地看到国家力量进入前后的社会变迁以及人群间的关系。

王朝典章的传播与区域社会的发展使当地人群原有的地权观念发生了重要的转变，在开村的传说中我们往往可以看到人群迁徙的随意性。当王朝的力量尚未正式进入这一区域，一些靠近江边的村寨因其地理优势与王朝的力量有过接触，并且率先"纳粮附籍"，随后利用这一身份在木材贸易兴起的情形之下占据了大量的山场。而其他一些人，如三锹人则没有获得这样的先机。这些在早期开发中占有优势的村寨利用卫所后代的故事来去除其曾经乃朝廷征伐对象的污名，而在三锹寨子中则强调其开村的契约，来确认对于村寨所有土地的权利。

虽然三锹寨子并没有在早期的开发中占据先机，但是从一些寨子的早期发展历程来看，其山场与财富也在这一时期迅速积累，村寨逐渐发展壮大，不同三锹寨子的人群联合起来进行山林经营并与周围人群争夺山林。随后，更有来自锹里的人陆续至此，依傍业已生根的早期迁入者，开发山场。在山林经营的过程中，三锹人凭借其地缘的联系，订立规约，与"苗人"和"客家"进行抗争。其村寨间的联盟关系也反映在通婚之中，并通过踩芦笙等形式形象地展示出来。随着区域社会的变迁，其村落联盟关系也逐渐改变，特别是在地方社会经历剧烈动荡的时期。

新中国成立后施行的民族政策，使"三锹人"这一地方社会中的人群认同被放置到国家的民族分类体系面前。80年代初进行的"三锹人"族属调查最终将"三锹人"这一人群识别为苗族与侗族两部分，虽如此，将"三锹人"作为"单一民族"的意识却因这一事件而被唤醒。国家的民族分类体系对"三锹人"原有的人群区分体系进行了改造，"三锹"这样的称呼在很多时候也被"锹族"所取代。但是，导致三锹人结盟关系及三锹认同形成的社会脉络已经发生变化，同时在国家话语的影响之下，"三锹"、"锹族"与"苗族"这些人群符号之间的界限也变得模糊起来。部分三锹人要求成为"单一民族"的诉求，实际上也从一个侧面反映了这一人群的国家认同。

除了民族识别这样自上而下的国家政策和行为的影响，"三锹人"也在主动追寻国家认同，这体现在各个家族主持或参与修撰的族谱之中。这些自80年代以来修撰而成的族谱，不仅是对传统社会"以士大夫文化为指向"的国家认同的模仿，也体现了新的社会文化脉络之下对于国家认同的调适。在这些旨在建立国家认同的族谱之中，"三锹人"这一地方性认同被隐藏了起来。

国家力量与区域社会的变迁是形塑人群认同的重要力量。前者可以对人群的分类体系直接施加影响，如"三锹人"与"锹族"这两种不同的称谓便反映了民族 – 国家话语对人群区分体系的影响。后者虽然并不能够改变人类借血缘或虚拟血缘建构起来的各种层次的分类体系本身，但分类符号所具有的意义和工具性作用，却会因社会脉络的变化而被使用它们的人群强调或忽略。因此，通过对这一人群的考察，我们并不能描绘出一个清晰的或曰僵化的"三锹人的面貌"，因为这一面貌总是不断地在变化。

王朝国家对于清水江流域的影响是不言自明的，我们可以看到王朝国家在边疆开发及其制度推行的过程中，地方社会的不同势力并非被动地接受王朝国家的制度规范与教化，不同的人群都积极地利用这一契机来获取自身的发展，同时力求主导地方公共事务，并通过对通婚圈的界定等方式维持着族群的边界。不同人群在利用王朝国家的制度的同时，也在界定与周围人群的边界，而在山林资源的竞争中未获得主导地位的人群则时有采用另类的生计模式，这些人亦被贴上匪类的标签。正如华德英所言，在地方社会的资源竞争过程中，人群对于其自身与其所归属的社团的看法愈拉愈近，对于与其周围社团的看法愈拉愈远。因此我们可以看到，三锹人这一人群在界定自身族群边界的同时，也在积极主动地寻求国家的认同，在解放后民族识别的过程中，这一点尤为明显。

在对这一区域进行考察的过程中，我们不但需要关注自清水江开辟以来，木材贸易兴起后，地方人群关于山林经营的各种合作与纠纷，仔细考辨这一过程中产生如山场买卖契约、分银合同、诉讼文书、鸣神文书等各种文献，从社会经济的角度来看地方社会的人群关系；同时也需要在山歌的吟唱中，在各种传说故事中，以及在族谱的编写中来体会人群的分类与归属意识。

在资源竞争的过程中形成的三锹认同，随着地方社会经济制度的变迁，人群间的联系不断在改变。当传统人群关系不再适用于新的社会场景时，新的认同和话语随即产生。通过这一个案研究，除了理解这一地方社会的变迁之外，亦可以帮助我们理解今天在这一区域所呈现的族群关系与种种文化实践产生的基础。当下的认同表达不只是新中国成立后国家民族政策的施行而加之于地方社会的不同人群，而是在长期的人群互动中，地方社会所形成的人群的分类意识在新的话语体系之下的进一步调整。

附录　三锹人族属的调查报告

前　言

为了进一步加强民族团结，充分保障少数民族的平等权利，党和政府十分重视民族识别工作，多次发出通知，要求抓紧进行民族识别工作。根据国家民委（79）政字第116号文件、（82）政字第86号文件和省委苗春亭同志在省民族识别工作座谈会上的讲话精神。黎平县委、县政府、县民委对我县尚未落实族属的"三锹人"进行讨论。一致认为有必要进行族属调查。

黎平、锦屏两县共有二十七个自然村落，居住着一千二百四十三户，六千三百八十六人的"三锹人"。黎平县的"三锹人"都聚居在本县尚重区大稼、平底乡境内的十四个自然村寨，五百二十一户，二千四百八十七人。其中：大稼乡的岑努寨有五十一户，二百三十一人，平底乡四百七十户，二千二百五十七人；锦屏县的"三锹人"分别聚居于平略、启蒙两个区的八个乡，十三个自然村寨，七百八十户，三千八百九十八人。

于一九八一年八月份，黎平县政协副主席潘光植、县政协委员石树挑、县民委主任吴增义、秘书杨再宏等同志，深入到"三锹人"聚居的平底乡，岑迁、平底寨分别召集"三锹人"老人座谈会，抽调岑迁大队支书潘远财参加调查。一九八二年，他们又先后到平底乡召开座谈会，找碑记、拍摄照片等三次。

173

一九八三年县政府、县民委又组织吴炳和、潘远财、潘宗美三人组成调查组,专抓这项工作。调查组的同志除在黎平境内到"三锹人"居住的各个自然村寨,调查和翻阅《黎平府志》外,还到毗邻的锦屏县启蒙、平略两个区八个乡,十三个自然村寨进行调查。而后,又到湖南靖县三锹、藕团两个乡,十多个自然村寨进行调查,借阅湖南省《靖州志》,寻找古碑,考查"三锹人"的历史情况。直到一九八三年七月份为止。

一九八四年四月五日至八日,省民委民族识别办、黔东南州民委、中共黎平县委、县人大常委、县人民政府和黎平县民委、县政协等单位的领导在黎平召开了贵州省三锹人族属问题调查汇报会议。

参加这次会议的还有锦屏县民委、从江县民委和三锹代表共二十八人。

通过汇报,大家一致认为"三锹人"的族属问题,前段做了大量工作,搞清楚了不少问题,但还有进一步调查的必要。会议决定黎平县抽调二人(潘昌本、吴炳和),锦屏县抽调一人(陆大志)组成调查组,继续进行这项工作。

我们调查组的同志,又一次走锹乡,串锹寨,找碑记,寻族源,重往湖南靖县有关村寨调查族源问题。在本县内再次召开"三锹"老人座谈会,了解三锹人的来历、形成过程、婚丧嫁娶和节庆的风俗习惯……

通过两年多来的内查外调工作,"三锹人"的基本情况、历史、语言、文化特征、经济生活、民族意识等方面已基本查清。现将有关三锹人族属调查综合如下:

族称及族源

"三锹人"自称"三是三锹"、"三十三锹"(三锹语译音)、

"二稍"，普称"三锹人"。黎平县孟彦、罗里一带的汉族称他们为"锹上人"，锦屏雄黄界一带的侗族、苗族人称他们为"锹佬"，黎平各地及尚重区的侗、苗族人称他们为"三消"（侗、苗语译音）。

三锹族源的形成。据传说，在很久以前，有三个人，一个是"撬猪"吴刚，一个是"卖柴汉"潘富元，另一个是"卖油郎"龙彪。

一天晚上，吴刚和潘富元正在富元家一起吃饭，突然身沾血污的龙彪闯进屋来，原来龙彪在卖油途中被强盗抢去油担和银钱，经过龙彪诉说后，三人义气相投，就盟誓结拜成祸福同享的异姓兄弟。

因生活难以维持下去，三人商议，只有外出跟吴刚当学徒撬猪。

有一天，他们走到一个地方跟一家财主撬一头母猪，吴刚首先叫两个学徒富元和龙彪学撬，他俩撬了好久都没撬成，主家看着生气了，吴刚才亲自动手撬，结果母猪被撬死了。主家要他们赔银五十两，当时他们身上无钱，只有设计夜里逃跑，跑到一个深山老林的村寨，他们就决定在那里住下来，安家立业。日子长了，当地人知道了他们的来历，都戏称他们为"三个撬猪佬"，后又简称为"三撬"、"撬佬"。随着人类社会的进化，他们又以"三撬"变为"三锹"。

又根据岑函寨吴发生家的一家墓碑刻载和三锹老人口述，三锹人祖先原是江西省吉安府太和县诸史巷风波塘。据说，因其不堪忍受异族之欺凌，故一再迁徙，颠沛流离，经湖广到天柱远口以及湖南靖县的深山老林居住，以开荒山苞米、小米、穄子、饭豆等为生，繁衍后代。

清朝康熙、乾隆年间，因闹灾荒而无法生活，"三锹人"又从湖南靖县迁入贵州黎、锦两县定居，在此开田种稻，挖山造林，至今已有三百余年了。

现在黎、锦两县居住的"三锹人"，分布在三个区，十个乡，二十七个自然村寨，共有一千二百四十三户，六千三百八十六人。分别为吴、潘、龙、杨、张、陆、林、向、蒋、刘、赵、石等十二个姓氏。其中，黎平县的"三锹人"居住在尚重区平底乡的岑蕦、乌山、俾嗟、眼批、董翁、归斗、归雅、乌勒、平底、乌碰、塘途、高练、俾雅寨和大稼乡的岑努寨。共有十四个自然村寨，五百二十一户，二千四百八十八人。其中，国家行政机关干部二十七人，大学生一人，中专文化程度四十二人。

锦屏县"三锹人"居住在平略、启蒙两个区的寨早、文斗、胜利、固本、新明、地茶、启蒙、玉河八个乡。十三个自然村寨，七百三十八户，三千八百九十八人。其中，有县级以上国家干部三人，区、乡干部一十九人，机关企业干部四十九人，大学生七人，中专生九人，中学生七十七人。

从俾嗟挖出的石碑、湖南地背岩田桥头碑、牛勃岑石碑所载及《靖州志》、《黎平府志》的记载有关"三锹人"至今已有三百余年历史。《黎平府志》地理志下二册第八十二页载云："咸丰二年，黎兆勋……策略东路，为潭溪、铁炉、苗坡、平茶至马路口交靖州界，此路苗匪、系草坪一带硐苗纠合三十三锹，苗匪等作乱为害。"《靖州志》乡土志卷一第二十五页载云："咸丰五年春，苗匪载老寅窜四乡。六月通道大高山苗叛，靖人黄炳变率团平之。团兵败贼于平茶、藕团。十二月，鬼金山贼勾结靖属锹里，苗焚劫。咸丰七年正月，获锹里生员吴大培，尽得三锹虚实，黄炳变单身往渝洋。"第四十六页载："黄炳变用新生吴某招抚三锹，又单身入八洞招抚苗酋。"该书卷四第五页还载云："焚童一队、吹龙竹。洞主三锹，骖豹文山顶，踏歌风、四合鸾黄飞人遏行云。"

俾嗟塘中碑制于清乾隆己巳年。碑上刻载着："兹余三锹，自先祖颠沛流离于斯，迄今已近百年。为铭志先祖之习俗，故吾三锹各寨里长约集，宰生鸡而誓志，饮血酒以盟心。"湖南地背岩板田桥头碑立于清道光二十一年，上刻有："据锹里生员吴光祥、潘正立、吴通林、吴士龙等禀称……"湖南靖县牛觔岭石碑立于民国二十五年，碑上刻曰："我三锹地处边隅，文化闭塞……是以三锹并成一气，与九寨合为一家。"

"三锹人"由于人少势弱，所以，"三锹人"内部团结很紧密。他们击鼓同响，吹笙共鸣，同舟共济，痛痒相关，一家有事，合族齐援。

"三锹人"在过去受着汉、苗统治阶级的歧视、排挤和欺凌。据传说：从前，由于社会黑暗，苗族人民起来造反，官府集中兵马镇压，造反队伍打了几次败仗，损失人员很多。苗族首领杨指挥为了积粮扩军，到三锹村寨要"三锹人"向他捐献钱粮和五户抽一丁。"三锹人"出不起钱粮，人数少而又怕打仗。杨指挥愤怒地说："你们'三锹人'一不出人，二不出钱粮，山是我们的山，水是我们的水，已经养活了你们好几代人了，现抽不出人者全家杀绝，抽钱粮不出者要赶出他乡。"结果，不愿去打仗的人被杀害，出不起钱粮的人被赶出外乡，逃荒度日。从此，"三锹人"和苗人也就结下了仇恨，一代代相传，直到解放前夕。在俾嗟挖出的石碑上刻着："尤对客家与苗人，更应合力以抗之。"在踩堂时誓词中说："吹笙同响，打锣同声，唱歌同音，踩堂同步。吹到哪里，好到那里；唱到哪山，好到那山。胜过客家，强过苗人。只许锹人踩堂，不许外人强占。苗来苗死，客来客亡。"（这里所说的"客"是指汉人。）三锹老人逝世，在未亡者交纳（吩咐的意思）时，要把一把尖刀放在死者手中，并吩咐说："苗人哄你不相信，汉人哄你不跟行。交给你这把刀，是给你护身之用。若是汉人抢你的东西，你就用刀砍汉人；若是苗人抢你们的钱财，你就用刀砍苗人。"由此可见，过去，由于汉、苗统治阶级压迫弱小民族，使"三锹人"对汉人和苗人有切齿之恨。

"三锹人"有着自己独特的语言。例如：父亲是"戈"，喊母

亲是 "喂"，哥哥是 "胞"，即大哥叫 "胞"，二哥叫 "胞姜"，姐姐是 "咱"，即大姐叫 "咱潘"，二姐叫 "咱姜"，弟弟是 "拿"，妹妹是 "蛮"，伯母是 "仰" 或 "喂"，叔母是 "努" 或 "喂浓"。女孩长到十岁后，她们用三锹语取名字称呼。如："戈仰"、"应月"、"号仰"、"贵山" 等。（其意思是：和气的姑娘，聪明的姑娘，漂亮的姑娘，宝贵的姑娘。）过去 "三锹人" 不会说汉话，但为了适应环境，逐步学会讲汉话、侗话、苗语。他们与汉人、苗人、侗人交接，语言方面都能应用自如。

饮 食

"三锹人" 最爱吃糊米茶。糊米茶的来由：据说是 "三锹人" 的先祖由外地逃荒来时，居住在高坡上。由于没有生产工具，只能种苞谷、小米、饭豆等杂粮为生。平时都吃不上白米饭，逢年过节时，将外出打零工得到的少量大米参苞米、饭豆等煮糊米茶，供全家过节时分吃。从此一代代相传下来直到现在。

这种茶是将米放在锅内炒片刻后，再放苞米、饭豆、食油等一将炒糊成黄黑色，然后参水煮，同时放一把老茶叶进去。待米和饭豆等煮开花后，用专制的茶筷将米和茶叶一起捣烂，放入盐巴才舀来喝。糊米茶香味扑鼻，清味可口，能帮助消化，治病去毒，所以 "三锹人" 个个爱吃。他们还流传着民歌，歌词是："酒说酒浓酒在后，茶讲茶淡茶当先。未曾吃饭三杯茶，茶水落肚人新鲜。" 他族人也常说到："移脚入锹乡，便是进茶乡……"，每天早晚都要吃煮茶。

他们还习惯吃腌鱼腌肉。还是得到鲜鱼和新鲜的猪、牛、羊肉及竹笋等品，都喜欢用来加工。加工方法是：将新鲜的鱼肉切成块，放入食盐、米酒浸泡 3～5 天，后蒸糯米饭，待饭后加入辣椒、花椒、生姜、大蒜等香料拌匀，一层鱼、肉又放一层饭，放入专制的大木桶中，上面放一层干菜吸水，加上压板，压板上放一石头压紧，最后向桶内倒入米酒，将桶盖盖好，待半个月后可以食用。这菜香味格外芳香，味道鲜美，有钱人家一年四季常备，凡有客人到家，就用这种菜作为上等菜来招待客人。

"三锹人"爱自己酿酒，他们从山上采回草药，自己制作酒曲。用大米、谷、小米、穄子、红苕作原料，酿成水酒，也会酿成"甜酒"。最喜爱的还是"重阳酒"，每年收割后就酿酒，这种酒要密封到第二年才开来吃。重阳酒味道芳香，十分可口。三锹人对重阳酒有首民歌，唱词是："重阳酒来重阳酒，重阳的酒桂花香，今朝得吃重阳酒，明天到家远传扬。"

"三锹人"的穿着服饰，别具一格。已婚妇女头顶盘着长方形的发髻，未婚女子打一根独辫。他们脚穿绣花的翘头布鞋，手戴银制手圈，颈配银项链，头包自制的家织布帕，身着配有彩色栏干的家织长袖大襟衣裤。男子蓄发挽鬏，头包巾两端绣花的兰黑色自染自织布帕，身穿家织布大襟衣裤。

音乐舞蹈

"三锹人"居住于高山密林，地处偏僻，住房拥挤而狭。一幢三间三层楼的木房，至少住上三户人家。这是为了防止外族之侵袭而聚居，好应付不测之事故。

"三锹人"喜爱吹笙。每年春节至元宵期间，附近各寨父老及青年男女都要约集到芦笙堂吹芦笙、踩歌堂。他们踩歌堂分为直调、半花调、两边花、六步调等四套。踩堂时，男子在前面吹芦笙，姑娘跟在后，男女共同起舞。他们一开堂就先放三铁炮，敲锣打鼓，有芦笙者吹笙，无芦笙者歌唱，随着歌声和芦笙伴奏起舞。基本动作是：先右脚提起，两脚向两边盘甩，意思是除杂草保丰收。吹至（勤得得）时，身向后绕一转，后向四面八方。每调快结束时，勾腰，前脚脚尖着地行恭敬礼，表示一敬天地，二向观众敬礼。最后敲锣打鼓散场。

"三锹人"有自己独特的民歌。一是酒歌，主要是在嫁女时，在女方家宴席上主客对唱；二是大歌，主要是在娶亲时，男方家主客对唱；三是"也德歌"（三锹语译音），是妇女在宴席上或送客出门时主客对唱；四是细歌（青年歌，三锹歌译音），主要是男女青年在谈情说爱时用来表示爱慕对方而唱。

婚　姻

"三锹人"在婚丧嫁娶这些方面也有独特的习俗。过去，"三锹人"都是在本民族中结亲，既不许本族女子嫁与他族，也不许本族男人娶异族女子为亲。

"三锹人"的婚姻制度，强调明媒正娶，不许赖亲。姑之女必嫁舅之子。若亲舅无子，则由舅氏本家族中的侄儿娶之。

男的到十八岁后，父母就给选择对象，请媒人到女方家求亲，只要女方父母亲同意就煮糊米茶吃。如不同意，媒人拿来的礼物全部不收，也不招待糊米茶。在婚礼上最为突出他们"三锹人"的三字。第二次男方请媒人到女方家必须携带茶叶三两、盐巴三两、炒米三件、酒肉各三斤等。在举行婚礼期间不能同房，因新娘在举行婚礼后，还要回娘家住一至三年。在郎家第二次接新娘过门后，夫妻方得同房。青年男女只有谈情说爱的自由，而无结合之希望。男女婚姻均由父母包办，结合的权利不在他（她）们手里。

丧　事

如果三锹老人逝世，要先给死者剃头，剃头时直剃三刀，以示三锹的标记。吩咐（吩咐的念词见附件）时，先将一把尖刀放在死者右手中，再用一根长绳，一端绕住死者左手，另一端则系住所要宰杀的牲畜，另摆一副担子，箩筐中放一把禾，一壶酒，请一位德高望重的老人去吩咐死者安息，恳祈死者保佑一家人平安，五谷丰收，六畜兴旺。将死者安葬后，孝子还要带着白孝帕，披着白孝衣引领死者的"魂"翻坡越岭，爬山涉水去走亲戚。过桥越坎，若有土地祠，还要烧香化纸方能过去，转回时，亦是如此。回来后方脱孝衣。双亲中先逝者，孝子要带孝帕一年半，后逝者，要带孝帕三年。孝服满期时，还要通知主要亲戚共同到死者坟前，剪下孝帕一节与纸钱一起火化，方算丧事结束。

节 庆

每年春节除夕夜，"三锹人"要将一只大公鸡洗好脚方宰杀，连同猪头、酒、菜、饭祭祖。祭祖时，每一代祖宗都要请到，家长念一长串祭词（念词见附件）。祭祀结束后，全家人方能动筷吃除夕夜饭。

正月初一，不请客，不串寨，不扫地，不借东西，不许讲不吉利的话，这样才使全家一年四季人畜平安，招财纳喜。不吃青菜而要吃稀饭，才使庄稼无草，田中经常有水不受干旱。早上天未亮，就要到井边去提新年水，取水时，先要在井边烧一根香，烧化纸钱后才取水，才使井水长流不断。将新年水提到家中煮糊米茶供奉祖宗，又放鞭炮，表示对祖宗的敬意。还要用禾草扎成若干把扫帚，拿到鸡圈去挂，表示当年鸡鸭成群，猪、牛、羊满圈。

三月初三，"三锹人"吃穇子粑。他们在清明扫墓时，用的是汤元粑祭奠祖宗。

每年栽完秧后不久，"三锹人"便要过隆重的破新节。那天，他们杀猪宰羊，开田捉鱼，蒸糯米饭，采食当年种植的稻芯、苞米、辣椒、瓜果等祭奠祖宗。祭祖方式有一套很长的念词，（其意是要祖宗保佑，全家老少平安，鸡鸭成群，猪牛满圈，一年四季纳喜招财。念词列于附表。）才能吃新。

经济生活

"三锹人"的经济来源。他们的先祖是以开山种地和植树造林谋生。粮食以种苞谷、小米、穄子、饭豆等杂粮为主。那时专靠吃杂粮度日。经过几代人后，才逐步开田种稻。

经济作物，主要是以种植茶叶树、辣椒和烟叶。衣物以自种苎麻、棉花织成土布制成衣裤穿。养殖业是以养猪、养牛、养羊、养鸡鸭及稻田养鱼为主，来改善自己的生活。

植树造林。对杉木、油茶、油桐、核桃、楠竹等均为重视。因杉木用途宽广；油茶、核桃油用来煮糊米茶和炒菜；桐油既可照明又可用来油各种用具等；楠竹能编织各种竹器，是日常生活中必不可少的。

随着我国社会主义建设事业的蓬勃发展，"三锹人"也在不断进化，近新结婚，女还娘头，舅霸姑女作媳和节日祭祖之念词等，一些陈规陋习正在不断地清除。在党的领导下凭着他们勤劳的双手，生活日益改善，日子越过越好，觉悟越来越高。

我们在调查中，居住于锹乡周围的兄弟民族人民亦纷纷证实三锹族的存在是事实，并历史悠久。孟彦区圈寨的侗族老人潘应华、胡中锡等人说："我等近七十，我们这里与归雅田地相掺，鸡鸣相应，他们的语言及风俗习惯与任何民族大有奇异。因此，历来四邻乡寨索称此地人为'三锹'。"苗族老人杨文斗、杨光茂说："岑迭与我们苗丢、岑舍两寨是近邻。过去我们这里的人与他们素不来往，更不说结亲了。"湖南靖县三锹乡一带的人民亦纷纷证明，过去曾有"三锹人"从当地迁往黎平、锦屏居住。

但是，他们对于本民族尚未能得到国家承认这件事却想不通。

在识别调查工作中，他们向我们调查组的同志积极提供资料，寻找有关锹人历史记载的石碑，给我们的工作以极大的方便。我们所到过的锹寨，大多数人都向我们提出迫切的要求，希望国家承认为单一民族。并有岑戞、俾嗟、归雅、乌勒、眼批、乌山、岑梧等寨递交了书面申请，要求上级尽快落实而承认。

通过我们族属调查组三年来，内查外调的一切所见所闻和收集到的历史文字记载，《靖州志》、《黎平府志》、《俾嗟碑文》、《牛勂岭碑文》等的叙述和"三锹人"族源的来历，都是有一定价值的历史依据。由此可见，"三锹人"在很早以前就以一个独立的单一民族而存在社会上。

"三锹人"的语言、民歌、文娱方面是独特的。民族特点、生活习俗也是如此。如煮糊米茶、青年男女社交、婚丧嫁娶、逢年过节、祭奠祖宗等礼节与生活习惯，都独具特色。

根据国家民委关于"认真落实少数民族政策"的有关规定，调动各少数民族建设社会主义的积极性。对此，我们认为，对"三锹人"应当予以承认为单一民族，列入中华民族之林。

黎平县"三锹人"族属调查工作组

黎平县民族事务委员会

一九八四年七月二十五日

表1　参加三锹人族属调查组人员名单

姓名	族别	现在工作单位	职务	籍贯	参加调查年份
吴珍义	侗	黎平县民族事务委员会	主任	黎平县岩洞区岩洞乡岩洞村	1981～1983
杨再宏	侗	黎平县民族事务委员会	秘书	孟彦区九层乡九层村	1981～1983
潘光植	三锹	黎平县政协委员会	副主席	黎平县尚重区大稼乡岑努寨	1981～1982

183

姓名	族别	现在工作单位	职务	籍贯	参加调查年份
石树桃	侗	黎平县政协委员会	副主席	黎平县孟彦区孟彦乡官宰寨	1981～1982
潘远财	三锹	尚重区平底乡三合大队	支书	尚重区平底乡岑寨	1981～1983
吴炳和	三锹	尚重区公所	工作员	尚重区平底乡岑寨	1982～1984
潘宗美	三锹	平底乡三合大队七队	社员	尚重区平底乡岑寨	1982～1983
潘昌本	三锹	尚重区林业站	副站长	尚重区平底乡岑寨	1984
陆大志	三锹	锦屏县寨早乡岑梧大队	队长	锦屏县寨早乡岑梧寨	1984

参考文献

一　史料

1. 方志、档案类

洪武《靖州志》。

康熙《天柱县志》，《中国方志丛书》第 158 号，台北：成文出版社有限公司，2000。

康熙《靖州志》，《中国地方志集成·湖南府县志辑》第 64 册，江苏古籍出版社、上海书店、巴蜀书社，2002 年影印本。

乾隆《开泰县志》，1964 年贵州省图书馆复制油印本。

乾隆《直隶靖州志》卷之一《封域》，《故宫珍本丛刊·湖南府州县志》第 16 册，海南出版社，2001 年影印本。

光绪《靖州直隶州志》，《中国地方志集成·湖南府县志辑》第 64 册，江苏古籍出版社、上海书店、巴蜀书社，2002 年影印本。

光绪《靖州乡土志》，《中国方志丛书》第 296 号，成文出版社有限公司，1975。

光绪《黎平府志》，《中国地方志集成·贵州府县志辑》，四川出版集团、巴蜀书社，2006。

宣统《贵州地理志》，《中国地方志集成·贵州府县志辑》，巴蜀书社、江苏古籍出版社、上海书店，2006。

黔东南苗族侗族自治州地方志编纂委员会编《黔东南苗族侗

族自治州志·地理志》,贵州人民出版社,1990。

贵州省民族研究所编《〈明实录〉贵州资料辑录》,贵州人民出版社,1983。

中国科学院民族研究所贵州少数民族社会历史调查组、中国科学院贵州分院民族研究所编《〈清实录〉贵州资料辑录》,贵州人民出版社,1964。

台北"故宫博物院"编印《宫中档雍正朝奏折》,1977。

中国第一历史档案馆、中国人民大学清史研究所、贵州省档案馆编《清代前期苗民起义档案史料汇编》,光明日报出版社,1987。

国家图书馆出版社影印室编《明清法制史料辑刊》,国家图书馆出版社,2008。

靖州苗族侗族自治县三锹乡政府编《三锹乡志(初稿)》,油印本,1999。

靖州苗族侗族自治县藕团乡政府编《藕团乡志(初稿)》,油印本,2001。

《贵州省三锹人族属问题调查汇报会纪要》,1984年4月8日。

黎平县"三锹人"族属调查工作组、黎平县民族事务委员会:《三锹人族属的调查报告》,1984年7月。

2. 笔记、文集类

(宋)陆游:《老学庵笔记》,四库全书本。

(宋)洪迈:《容斋随笔》,四库全书本。

(宋)朱辅:《溪蛮丛笑》,四库全书本。

(宋)苏辙:《苏辙集》,中华书局,1990。

(清)爱必达:《黔南识略》,《中国方志丛书·华南地方》第151号,据乾隆十四年刊本影印,台北:成文出版社有限公司,1968。

(清)罗绕典:《黔南职方纪略》,《中国方志丛书·华南地方》第 277 号，据道光二十七年刊本影印，台北：成文出版社有限公司，1968。

严树森编《胡林翼年谱》，大陆书局，1933。

3. 调查材料类

贵州省编辑组编《侗族社会历史调查》，贵州民族出版社，1988。

靖州苗族侗族自治县民间文学三套集成办公室编《中国歌谣集成湖南卷·靖州资料集成》，1987。

靖州苗族侗族自治县民族事务委员会编《靖州苗族民歌选》，1999。

黄钰辑注《评皇券牒集编》，广西人民出版社，1990。

贵州省民委民族识别办公室编《贵州民族识别资料集》第 1 集，1985。

4. 契约碑刻类

安成祥编撰《石上历史》，贵州民族出版社，2015。

安尊华、潘志成校释《土地契约文书校释》卷 1，贵州民族出版社，2016。

陈金全、杜万华主编《贵州文斗寨苗族契约法律文书汇编——姜元泽家藏契约文书》，人民出版社，2008。

锦屏县档案局编印《平略镇岑梧村委契约档案复印件之一》，2005。

唐立、杨有赓、武内房司主编《贵州苗族林业契约文书汇编（1736~1950 年）》，东京外国语大学国立亚非语言文化研究所，2003。

王宗勋、杨秀廷点编《锦屏林业碑文选辑》，锦屏县地方志办公室，2005。

吴江编录《侗族部分地区碑文选辑》，黎平县志办公室，1989。

张应强、王宗勋主编《清水江文书》第 1 辑，广西师范大学出版社，2007。

5. 族谱、稿本类

锦屏县岑梧寨《陆氏族谱》。

锦屏县岑梧寨《潘氏族谱》。

锦屏县岑梧寨《吴氏族谱》。

锦屏县岑梧寨《龙氏族谱》。

锦屏县平鳌寨《平敖上祠瓜藤谱》。

黎平县乌山寨《吴氏谱根》。

远口吴氏地妙宗谱编纂委员会编《远口吴氏地妙宗谱》，2001年 6 月。

民间抄本《三营记》。

陆秀裕：《岑梧村杂志》，手稿。

陆秀裕：《岑梧村史》，手稿。

陆秀裕：《岑梧村志》，手稿。

锦屏县九佑寨、黎平县岑逺寨、乌山寨、俾嗟寨三锹歌册抄本多册。

二 相关研究论著

1. 中文论著

陈春声：《地域认同与族群分类——1640～1940 年韩江流域民众"客家观念"的演变》，《客家研究》（创刊号），2006 年 6 月。

陈其南：《台湾的传统中国社会》（修订版），台北：允晨文化实业股份有限公司，2006。

陈曦：《进退之间：从羁縻诚、徽州的变迁看宋朝对诸"蛮"的治理》，《广西社会科学》2015 年第 3 期。

陈晓毅：《儒家乎？儒教乎？——苗疆"堂祭三献礼"的宗教人类学研究》，《中山大学学报》（社会科学版）2003 年第 6 期。

程美宝、蔡志祥：《华南研究：历史学与人类学的实践》，《华南研究资料中心通讯》第 22 期，2001 年 1 月。

费孝通：《关于我国的民族识别问题》，《中国社会科学》1980 年第 1 期。

费孝通：《江村经济——中国农民的生活》，商务印书馆，2003。

葛剑雄：《中国移民史》第 1 卷，福建人民出版社，1997。

韩起澜：《苏北人在上海，1850～1980》，卢明华译，上海古籍出版社，2004。

何炳棣：《明初以降人口及其相关问题，1368～1953》，葛剑雄译，生活·读书·新知三联书店，2000。

胡廷黔、王锦河：《正确处理国家和林农利益关系，实现公益林区可持续性发展——贵州省锦屏县绍洞村集体所有公益林使用权问题调研报告》，电子文档，见于 http://www.qdnnews.com/dnwh/shqdn/jj/200605/5573.html，最后检索时间：2005 年 10 月。

胡阳全：《论苗瑶民族的同源问题》，《贵州民族学院学报》（哲学社会科学版）2001 年第 1 期。

黄光学主编《中国的民族识别》，民族出版社，1995。

黄钰：《瑶族族源新探——苗瑶同源论》，《广西民族研究》1993 年第 4 期。

简美玲：《汉语、苗泾浜、汶类——贵州苗人家谱的混声与界线》，《历史人类学学刊》2006 年第 2 期。

科大卫、刘志伟：《宗族与地方社会的国家认同——明清华南地区宗族发展的意识形态基础》，《历史研究》2000 年第 3 期。

李中清：《中国西南边疆的社会经济，1250～1850》，林文勋、秦树才译，人民出版社，2012。

林美容：《由祭祀圈到信仰圈——台湾民间社会的构成与发展》，《中国海洋发展史论文集》第 3 辑，台北：中研院三民主义研究所，1988。

刘志伟:《附会、传说与历史真实——珠江三角洲族谱中宗族历史的叙事结构及其意义》,王鹤鸣等主编《中国谱牒研究——全国谱牒开发与利用学术研讨会论文集》,上海古籍出版社,1999。

刘志伟:《天地所以隔外内——王朝体系下的南岭文化》(丛书总序),吴滔等主编《南岭历史地理研究》第 1 辑,广东人民出版社,2016。

刘志伟:《"移民"——户籍制度下的神话》,《华南研究资料中心通讯》第 25 期,2001 年 10 月。

刘志伟:《族谱与文化认同——广东族谱中的口述传统》,上海图书馆编《中华谱牒研究》,上海科学技术文献出版社,2000。

刘志伟:《祖先谱系的重构及其意义——珠江三角洲一个宗族的个案分析》,《中国社会经济史研究》1992 年第 4 期。

刘宗艳:《酸汤话研究》,博士学位论文,湖南师范大学,2014。

龙小金:《从〈分亲和改装歌〉看苗族社会风俗的演变》,《贵州文史丛刊》1998 年第 3 期。

陆湘之:《三十三锹初探》,花苗网,http://www.zghuamiao.com/nd.jsp? id =326#_ np =4_ 11,最后检索时间:2019 年 3 月 2 日。

陆湘之:《试述靖州"锹人"族群的形成和分化》,花苗网,http://www.zghuamiao.com/nd.jsp? id =607#_ np =105_ 319,最后检索时间:2019 年 2 月 10 日。

罗洪洋:《清代黔东南锦屏苗族林业契约的纠纷解决机制》,《民族研究》2005 年第 1 期。

彭泽元、向正沛、龙立厚:《古苗寨平鳌考》,2005。

秦廷锡:《"四十八寨款场"与"四十八寨歌场"探索》,张新民主编《探索清水江文明的踪迹——清水江文书与中国地方社会国际学术研讨会论文集》,巴蜀书社,2014。

施振民:《祭祀圈与社会组织——彰化平原聚落发展模式的探讨》,台北《中央研究院民族学研究所集刊》第 36 期,

1973 年。

谭其骧：《长水集》（上），人民出版社，1987。

王明珂：《羌在汉藏之间——一个华夏边缘的历史人类学研究》，台北：联经出版事业股份有限公司，2003。

王宗勋：《从清水江文书看清代清水江中下游外来移民"入住权"的取得——岑梧"镇寨"文书解读》，《贵州大学学报》（社会科学版）2016 年第 2 期。

王宗勋：《寻拾遗落的记忆——锦屏文书征集手记》，世界图书出版公司，2015。

王宗勋：《文斗——看得见历史的村寨》，贵州人民出版社，2009。

王宗勋、张应强：《贵州省锦屏县民间山林契约简介》，《华南研究资料中心通讯》第 24 期，2004 年 7 月。

王宗勋主编《乡土锦屏》，贵州大学出版社，2008。

吴才俊：《四十八寨民族风情》，《怀化师专学报》1999 年第 1 期。

吴才俊：《酸汤苗的族源与习俗》，《怀化师专学报》1996 年第 2 期。

吴三麟：《枝叶同根　笙歌同音——记靖州苗族侗族的共性》，政协湖南省靖州苗族侗族自治县委员会、学习文史委员会编《靖州文史》第 8 辑，1997。

吴显烈编著《黎平榕江四十八寨侗族习俗文化》，未出版，2006。

吴治德：《〈侗款〉的"款"字探源——兼谈"都"字》，《贵州民族研究》1992 年第 2 期。

吴作光：《岩湾歌场的由来及发展》，政协湖南省靖州苗族侗族自治县委员会、学习文史委员会编《靖州文史》第 8 辑，1997。

杨庭硕：《人群代码的历时过程——以苗族族名为例》，贵州人民出版社,1998。

杨秀庭:《九佑,遗失在大山里的侗寨》,《贵州政协报》2004年7月15日。

余达忠:《岑努村的多语文化生活——贵州省黎平县一个多语制民族村的人类学考察》,《黔东南民族师范高等专科学校学报》2005年第1期。

詹姆斯·斯科特:《逃避统治的艺术:东南亚高地的无政府主义历史》,王晓毅译,生活·读书·新知三联书店,2016。

张应强:《木材之流动——清代清水江下游地区的市场、权力与社会》,生活·读书·新知三联书店,2006。

张正东:《关于贵州族别研究中的几个问题》,《贵州民族学院学报》1981年总第1期。

郑振满:《神庙祭典与社区发展模式——莆田江口平原的例证》,《史林》1995年第1期。

2. 外文论著

武内房司「清代貴州東南部ミャオ族に見る『漢化』の一側面」竹村卓二編『儀礼·民族·境界——華南諸民族「漢化」の諸相』風響社、1994。

武内房司「鳴神と鳴官のあいだ——清代貴州苗族林業契約文書に見る苗族の習俗と糾紛処理」唐立、楊有賡、武内房司主編『貴州苗族林業契約文書滙編,1736~1950年』第三卷研究編、東京外國語大學國立語言文化研究所、2003。

Faure, David, "Lineage as Cultural Invention," *Modern China*, Vol. 15, No. 1, Jan 1989, pp. 4 – 36.

Harrell, Steven, *Ways of Being Ethnic in Southwest China*, Seattle and London: University of Washington Press, 2001.

Jenks, Robert D., *Insurgency and Social Disorder in Guizhou: The Miao Rebellion 1854 – 1873*, Honolulu: University of Hawaii Press,

1994.

Leong, Sow-theng, *Migration and Ethnicity in Chinese History: Hakkas, Pengmin, and Their Neighbors*, Stanford, California: Stanford University Press, 1997.

Skinner, William G. , "Presidential Address: The Structure of Chinese History," *Journal of Asian Studies* 44 (2), Feb. 1985, pp. 271 – 292.

Skinner, William G. , "Marketing and Social Structure in Rural China," Parts I , II , and III , *Journal of Asian Studies* 24 (1) Nov. 1964, pp. 3 – 44; 24 (2) Feb. 1965, pp. 195 – 228; 24 (3) May 1965, pp. 363 – 399.

Ward, Babara, *Through Other Eyes: Essays in Understanding Conscious Models—Mostly in Hong Kong*, HK: The Chinese University Press, 1985.

Zhao, Zhongwei, "Chinese Genealogies as a Source for Demographic Research: A Further Assessment of Their Reliability and Biases," *Population Studies*, 2001 (55).

后　记

　　一切都是缘分。十多年前的某个午后，我在姑咱镇的一家网吧中查看研究生招生目录，在历史学与人类学之间徘徊，最终懵懵懂懂地选择了人类学这门对我来说并不太熟悉的学科。当时对人类学的印象仅来自在旧书摊上无意中购得的一本英文人类学读物 *Conformity and Conflict*，我也不知道为什么要买这本书。随后的研究生考试第一天下午便睡过了头，赶到考场已经开考了二十多分钟，幸好当年取消了英语听力。本不抱任何希望的我，还想继续待在大渡河边的小镇，实现走遍甘孜的梦想，结果最终忝列张应强师门下，就这样来到了清水江边。

　　张应强师是我的启蒙老师，对我的学业、生活关怀备至，对他的感激无以言表。在结束人类学的学习之后，又蒙历史系陈春声师不弃，将我纳入历史学门下，使我学会用不同的视角来发现与思考问题。在不同学科之间的游离，正如三锹人在开辟苗疆前的迁徙靡常，并没有做到在一领域内深耕不辍。但人类学系和历史系诸位老师的教诲，如在黔山之中孤独徘徊、惶惶不知去路时所见之指路碑，使我得以继续前行。在进行三锹人研究的不同阶段，刘志伟老师、黄国信老师、温春来老师提出了大量的建设性意见，然我学养不足，愧对诸位老师的期许，唯有踏踏实实在求学路上继续摸索，以报师恩。

　　锦屏县志办王宗勋主任对乡土知识非常了解，是我当之无愧的田野导师。在进行过较长时间田野调查的岑梧、俾嗟、平鳌等寨子，与乡民结下的深厚友谊终生难忘。在湘黔两省间行走过的那些寨子——乌山、岑努、岑辽、九佑、乌首、黄柏、菜地湾、地妙、新街、高营、地笋，或许当地人已经不记得我这样一个过客，但我永远记得受到的热情款待，他们带我四处查看古文契，从井中为我打捞古碑，忍受我天真无聊的问题。黎平县大稼乡、靖州三锹乡、锦屏县平略镇等政府部门工作人员也为我提供了不少必要的帮助，使田野调查得以顺利进行。历史系同门以及马丁堂张应强师门下诸弟子，常会聚一堂，或煮茶，或把酒，其乐也融融。

最后，必须得感谢王山林多年来的理解和支持！

图书在版编目（CIP）数据

从"锹里"到"锹家"：清水江下游三锹人的移民
历史与认同建构/邓刚著．－－北京：社会科学文献出
版社，2019.11
（清水江研究丛书）
ISBN 978－7－5201－5450－5

Ⅰ．①从…　Ⅱ．①邓…　Ⅲ．①村落文化－文化史－研
究－贵州　Ⅳ．①K297.3

中国版本图书馆 CIP 数据核字（2019）第 184129 号

清水江研究丛书

从"锹里"到"锹家"：清水江下游三锹人的移民历史与认同建构

著　　者／邓　刚

出 版 人／谢寿光
责任编辑／李期耀
文稿编辑／李蓉蓉

出　　版／社会科学文献出版社·历史学分社（010）59367256
　　　　　地址：北京市北三环中路甲 29 号院华龙大厦　邮编：100029
　　　　　网址：www. ssap. com. cn
发　　行／市场营销中心（010）59367081　59367083
印　　装／三河市龙林印务有限公司

规　　格／开　本：787mm×1092mm　1/16
　　　　　印　张：13.25　字　数：175 千字
版　　次／2019 年 11 月第 1 版　2019 年 11 月第 1 次印刷
书　　号／ISBN 978－7－5201－5450－5
定　　价／79.00 元

本书如有印装质量问题，请与读者服务中心（010－59367028）联系